견성에 이르는 길

오은성 지음

견성에 이르는 길

오은성 지음

원불교출판사

견성에 이르는 길 오은성 지음

●2008년 5월 10일 초판 1쇄 발행 ● 2009년 3월 3일 초판 2쇄 발행
●펴낸곳 | 원불교출판사 ●펴낸이 | 김영식 ●출판등록 | 1967. 7. 1 제7호
●주소 | 전북 익산시 신용동 344-2 · TEL(063)854-0784 · Fax(063)852-0784

값 4,000원 ＊잘못된 책은 바꿔 드립니다.

책을 내면서

참으로 내가 책을 내다니-!
더구나 누구나 꺼리는 見性이라는
제목으로—!

그간의 여러 사정이 있었지만 어찌 어찌 하다보니, 원불교신문사의 간곡한 권유로 글을 쓰게 되었고 또 신문사의 사정에 의해서 중도 하차하게 되니 간간이 독자들의 질문과 뒷마무리를 권유받게 되었습니다. 하지만 별것도 아닌데 하는 생각으로 그냥 말고 지냈는데, 한편으로 곰곰이 생각해 보니 기위 내친 일인데 끝마무리는 해야 하지 않을까 싶어 단행본으로라도 내볼까 하는 결심을 하게 되었습니다.

또 쓰면서 생각하니 감각감상으로 시작한 내 나름의 견성에 이르는 길이라 그런 저런 감각감상을 한 글들이 있어서 몇 가지 추려서 넣어 봤습니다.

1부는 '見性에 이르는 길'

2부는 '감각감상'

1부, 2부가 모두 나의 감각감상이지 법문이나 설법이 아니기 때문에 조리 강령도 없고 모순되는 말도 있을 것입니다.

그 점 널리 이해하시고 봐주시면 고맙겠습니다.

원기93년(2008) 4월에 정화수도원에서

실타원 오은성 합장

〈목 차〉

2부 감각감상 · 심신작용 처리건

감각감상

1부

견성에 이르는 길

견성에 내 여생을 건다

「견성은 국문에 본문을 아는 것과 같나니라」 대종경(大宗經) 성리품 20장
「견성을 하면 우주 만물의 본래 이치를 알게 되고 목수가 잣대와 먹줄을 얻은 것같이 되나니라」 성리품 21장

○대종경(大宗經)

성리품 20장 「견성은 국문에 본문을 아는 것과 같나니라.」

성리품 21장 「견성을 하면 우주 만물의 본래 이치를 알게 되고 목수가 잣대와 먹줄을 얻은 것같이 되나니라.」

○대산종사(大山宗師)님

「견성은 글씨 쓰는 체줄과 같다. 체줄없이 쓰는 글은 발전이 없다.」

「성리를 모르고 수행하는 것은 모래를 쪄서 밥을 만들려고 하는 것 같다.」

「성리를 모르면 어린아이이다. 그러므로 성리는 꾸어서

라도 봐야 한다.」

「수도하는 사람이 견성을 해야 진리를 알게되고 진리(성리)를 알아야 인과 인연법도 알게 되고 취사심도 생긴다.」

「성리를 깨달으면(견성하면) 양잿물에 빨래하는 것과 같고 비행기 탄 것 같이 기하급수로 나간다.」

이 외에도 견성의 중요성을 많이 강조하셨다. 그 중요성, 필요성은 끝없이 강조해도 다함이 없을 것이다.

그러면 먼저 성리(性理)란 무엇이고 견성(見性)이란 무엇인가. 단어의 뜻부터 알아보자.

○ 성리란 … 우주만유(宇宙萬有)의 본래 이치와, 우리의 자성(自性)원리를 해결하여 알자 함이요 … (정전 정기훈련법)

○ 견성이란 … 성리자리를 봐 깨친 것, 여기 견(見), 본다는 것은 육안으로 본다는 뜻이 아니고 관조(觀照)의 뜻이며 빛으로 비춰 본다는 뜻, 즉 지혜의 빛으로 본다는 뜻이다.

나는 이렇게 소중한 견성을 얼마나 간절히 원하고 얼마나 열심히 연마하며 적공해 왔던가? 가만히 생각해 보니, 나는 견성이라는 단어 자체를 골방에 방치해 두고 버리지도 않고 쓰지도 않고 그저 막연히 때를 기다리는 골동품처럼 취급하고 교화는 그때그때 다급히 필요한 문자공부나 설교재료만 찾아서 이리 저리 꿰맞추어 교화해 왔다.

그러자니 서자서 아자아(書自書 我自我)로 법문은 법문대로 나는 나대로 따로 살면서 교무라는 허울을 쓰고 지도자 자리에 안분하고 지냈던 것이었다.

그러다가 내 나이 51세 때 이름도 모르는 병으로 인하여 요양하게 되었다. 그러자 내 자신의 지난날을 뒤돌아보니 아무 것도 해놓은 것(사업) 없고 아무 것도 가진 것(공부) 없는 나를 발견하게 되었다.

그 당시 나의 일기장을 보면 '「나는 아무 것도 해놓은 게 없다. 빈 껍질이다. 안팎이 모두 텅 비었네, 큰일이다. 나이는 50이 넘었는데 내 밭도 남의 밭도 안 매고… 이 일을 어찌하면 좋을꼬, 우리 스승님, 우리 법, 우리 회상 만남 보람도 없이 세월만 보냈구나. 나는 낫지도 죽지도 않을 병 같은데 폐인이 된 채 살아가야 할 테니 이 일을 어찌하면 좋을꼬—」

나는 천추의 한이 될 내 처지에 한탄만 하고 있다가 문득 한 「견성을 하고 죽으면 본전은 찾는 것이다」는 한 생각이 떠올랐다.

그래 견성을 하고 죽으면 그래도 덜 억울하지 견성에 내 여생을 걸자고 다짐했다.

그런데 견성이 그리 쉬운가? 그리 만만한가?

내가 견성할 정도로 그리 쉬우면 누가 견성 못하여 고심하겠는가. 모든 구도자가 견성에 목을 매달고 야단인데 내가 견성을? …!」' 하며 자신에게 냉소적이었다.

나는 견성을 선정(禪定)의 경지 입정삼매(入定三昧)의 경지가 몇 시간, 며칠, 몇 년씩 지속하여 저 깊은 심저(心底)에서 혜월(慧月)이 솟아나 반야지(般若智)를 증득하는 것이라고 생각하였다.

그래서 선이 잘 안되고 번뇌망상으로 좌선시간을 보내는 내가 어찌 감히 견성을 할 수 있겠는가 하는 생각이 들어 "나는 5백생이 아니라 5천생이나 닦아야 할 거야. 금생은 틀렸어. 다음 생부터 시작하자"고 미루며 살아왔다.

그런 어려운 견성을 금생에 하고 죽겠다고 결심했으니 참으로 요원하고 기가 막힐 일이었다. 그러나 아무튼 도전은 해보자, 못할 때 못할 망정 하는 생각으로 교전과 선가(禪家)의 책들과 씨름하기 시작했다.

견성이 하고 싶어요.
쉬운 길은 없을까요?

「깨친다는 것은 한번에 툭깨치는 것도 있지만 천각 만각으로 수없이 깨치는 데서 대각을 이룬다」 大山종사 법문집

대종경 성리품 23장에는 「거개의 수도인들이 견성은 일찍이 가정에서 쉽게 마치고 성불하기 위하여 스승 찾아다니며 공을 들인다.」

대산종사님 법문집엔 「견성은 손바닥 뒤집기보다 쉽다」 또 「견성은 대여섯 살에 가정에서 쉽게 마친다」 이와 같은 스승님들의 말씀에 의아하기는 하지만 희망과 용기를 얻었다. 그런데 그 어려운 견성이 어찌 그리 대여섯 살에 가정에서 쉽게 마칠 수 있을까?

내가 견성이라는 정의를 잘못 알았을까?

그러나 어쨌든 쉽다 하셨으니 그 쉬운 길을 찾아 보

자며 정전봉독하는 중 정기일기법에 감각이나 감상을 기재시키는 뜻은 "그 대소유무(大小有無)[1])의 이치가 밝아지는 정도를 대조하게 함이니라"는 법문에서 나는 견성하는 쉬운 길을 발견했다고 생각하고 기뻤다.

진리가 무엇인가. 대소유무의 이치 아닌가. 대종사님께선 진리를 대소유무란 표현으로 간단히 정의 내리셨다.

감각감상으로 대소유무의 진리를 깨치고 밝아진다면 이같이 쉽고 좋은 길이 또 어디 있겠는가.

상근기의 구도자들은 높은 차원의 정도(正道)의 길로 가겠지만 나 같은 하근기는 이 감각감상을 통해서 견성해 보자.

나는 깜깜한 밤에 불빛하나 얻은 듯 기쁘고 희망에 부풀었다.

아하 —! 그래서 대종사님께서 제자들 지도하실 때 감각감상을 시키시며 1갑(甲) 2갑 3갑… 12갑 등의 성적을 매겨주시며 격려하신 뜻이 이런 방법으로 견성하게 하신 뜻이 아니시겠는가! 하고 나대로의 의미를 새

겨봤다.

「견성의 경로도 천층 만층이요… 」 대종경 변의품 40장

「깨달아 아는 것도 한번에 끝나는 것이 아니라 천통 만통이 있나니라」 수행품 43장

「어리석은 사람은 한 생각 나는 즉시로 초범월성(超凡越聖)의 큰 지혜를 얻으려 하나 그것은 크게 어긋난 생각이라 저 큰 바다의 물도 작은 방울이 합하여 이룬 것이다」 수행품 44장

「깨친다는 것은 한번에 툭깨치는 것도 있지만 천각 만각으로 수없이 깨치는 데서 대각을 이룬다」

대산종사 법문집

나는 위의 법문 등이 바로 감각감상을 통해서 1각 2각 3, 4, 5각… 천각 만각을 이룬다는 말씀으로 해석되면서 이 길로 견성해 보겠다는 강한 신념을 갖게 되었다.

나는 견성해 보겠다고 마음먹었을 때 제일 먼저 큰 장애요인이 의심이 걸리지 않는 것이였다.

유의(有疑)는 유각(有覺)이요 무의(無疑)는 무각(無覺)인 것이다. 어찌 의심이 없는데 깨침이 있겠는가.

나는 우리의 교법이 너무 쉽고 간명하여 웬만한 것은 사량(思量)으로 의리선적(義理禪的)[2])으로 해석해 버리고 어려운 의두건(疑頭件)은 어려우니 제쳐두고 또 일상생활 속에서는 천지만물이 그냥 그런 것! 봄이 오니 꽃 피고 새싹 돋고 … 등등 당연히 그저 그런 것! 그게 뭣이 이상하고 의심날 일이야? 하는 식으로 일상성(日常性)에 젖어 사는 마당에 무슨 지혜가 열리고 깨침이 있겠는가.

천부당만부당한 일이지 하며 이런 저런 고민을 하면서 교전에서 해결책을 찾으려고 몸부림칠 때 대종경 성리품 31장에 대종사님께서 게송을 내리시며 "이 자리가 곧 성품의 진체이니 사량으로 이 자리를 알아내려고 말고 관조(觀照)로써 이 자리를 깨쳐 얻으라" 하신 법문을 보고 첫 의심이 생겼다.

'관조' 였다. 어떻게 아는 것이 관조로 아는 것인가?

사량으로 아는 것과 관조로 아는 것이 어떻게 다른가?

관조로 깨치려면 어떻게 연마해야 하는가? 하고 그러나 누구에게 물어 볼 수도 없고 혼자 애태워하던 차에 아 — 감각감상으로 성리연마하다 보면 관조로 깨치는 법도 알아지겠지 하고 막연하게나마 자위하며 감각감상에 사활을 걸어 보기로 작심했다.

그런데 쉽게 생각한 감각감상이 안되는 것이었다. 그저 막연히 남의 감각감상이나 흉내 내고 모든 것이 그저 일상에 젖어 그저 그런 것인데 하며 당연한 것으로 생각되며 느낌과 깨침으로 와닿지가 않고 시간만 보내곤 했다.

그렇다고 포기할 수는 없었다. 이 일을 장차 어쩌면 좋아 — 하며 고민 끝에 생각한 것이 산천초목과 대화해 보자는 아이디어를 얻었다.

산천초목을 보고 감각감상이 안 나니까 내가 직접 다가가 말을 걸어보고 이야기해 보자는 대화법을 생각해 낸 것이다. 대화하다 보면 감각감상이 생기겠지 하고 막연하게나마 희망을 걸고 시작했다. 그런데 이것 또한 안되는 것이었다.

나 혼자 그저 넋두리하는 것이 고작이었다. 나 혼자 중얼거리다 말다 일방통행이었다. 응답이 없었다. 하긴 생각해 보면 저 나무, 꽃, 풀등 무정물이 무슨 말을 하겠는가. 대화를 기대했던 내가 웃긴 일이지 — 하면서 탄식하곤 했다.

꼭 믿었던 견성의 지름길인 감각감상이 나를 절망시켰다. 허나 이 길밖에 다른 방도는 없었다. 절망만 하고 있을 수는 없었다. 그러면서 세월은 흘러가고 있었다. 그냥 어쩔 수 없으니 그대로 밀고 나가는 수밖에 없었다.

주해

① 대소유무(大小有無) = 大라 함은 우주만유의 본체를 이름이요, 小라 함은 만상이 형성색색으로 구별되어 있음을 이름이요 유무(有無)라 함은 천지의 춘하추동 사시순환과 풍운우로 상설과 만물의 생로병사와 흥망성쇠의 변태를 이름이며(정전 사리연구의 요지)

② 의리선적(義理禪的) = 불교의 교리를 초보자는 언어문자에 의지해서 마음을 찾는 방법으로 문자선을 의리선이라 함.(용어사전)

성리야 놀자, 내 친구는 성리

나는 당황해하면서 내가 왜 이런 의심이 걸리지? 하고 그 의심을 궁구하던 중 대종경 성리품 25장 「불조(佛祖)들의 천경만론(千經萬論)은 저 달을 가리키는 손가락과 같나니라」 말씀에 생각이 머물렀다.

그렇게 봄부터 시작하여 가을이 되었다. 그날도 예전처럼 총부 뒷동산에 산책하고 있었다. 자연과 대화한답시고 혼자 중얼거리며 걷다가 단풍이 든 나뭇잎 하나가 너무 예뻐 만지작거리며 "얘야, 참 예쁘구나, 어쩜 이렇게 곱게도 물들었니? 정말 예쁘구나" 하며 말을 걸고 그 아름다움에 취해서 한참을 바라보았다. 그런데 그 단풍든 나뭇잎이 "내가 지금 병이 들었는데 나보고 예쁘다고 하니 난 이제 곧 떨어져 죽어"하고 말을 했다.

"아! 그래 맞아, 네가 지금 병든 거지? 나도 병들었는데 너도 병들었구나. 나와 같은 신세구나. 그런데 넌 아프지 않니?"라고 내가 말했다. 그랬더니 "멍청아, 나는 무정물이잖아, 그러니까 아프지는 않아" "응, 그래 그렇지" 라며 대답했다.

그리고는 "응, 우리는 생로병사로 돌고 너희들은 춘하추동으로 돌고 도네, 결국은 같은 이치이네" 하는 생각이 들며 무슨 대단한 진리나 깨친 것처럼 흥분이 되어 곧장 숙소로 돌아와 정전(正典) 일원상 법어편을 펼쳐 보았다.

"생로병사의 이치가 춘하추동과 같이 되는 줄을 알며"라는 부분을 읽고 일찍부터 배워 알고 있는 법문이 순간 나는 내가 혼자 깨쳐 알게 된 진리를 대종사님께서 이 법어로 증명해주신 것처럼 생각이 들었다. 참 어이없는 생각이었지만 그 당시 그런 생각을 할 만큼 기뻤다.

사실 대화라고 해서 저 초목이 무슨 말을 하겠는가. 나 혼자 중얼거리는 넋두리일 뿐이지. 그런데 종전과는 달랐다. 응답이라는 생각이 들었다. 분명 응답이었다. 그래서 그런지 그 다음 부터는 대화가 되었고 유치하지만 감각감상도 더러는 생겼다.

그런데 어느 날 어처구니없는 의심 하나가 생겼다. "응? 교전은 진리가 아니네!" 하는 거였다. 교전을 진리로 알고 교전에만 매달리고 의지하며 지냈던 나인데 실로 엉뚱한 의심이 생긴 것이다.

나는 당황해하면서 내가 왜 이런 의심이 걸리지? 하고 그 의심을 궁구하던 중 대종경 성리품 25장에 「불조(佛祖)들의 천경만론(千經萬論)은 저 달을 가리키는 손가락과 같나리라.」

나는 이 대목에서 "아, 바로 이거야. 교전은 손가락이지 달이 아니야, 손가락인 교전을 통해서 참 달인 진리 자체를 관조 직관으로 보는 것이야. 이래야 견성할 수 있는 것 아니겠어"라는 생각이 들었다.

나는 참고삼아 인도의 노벨문학상 수상자인 '라빈드라나드 타고르'에 대한 일화 한 토막을 '오쇼 라즈니쉬'의 글로 소개하고자 한다.

그는 수만 평 의 초지를 갖은 영주의 아들이었다. 그 토지 가운데는 숲으로 둘러싸인 아름다운 강이 흐르고 있었다. 그는 지붕이 달린 조그마한 나룻배를 타고 강위에서 지내곤 한다.

타고르는 미의 숭배자로 삶 자체가 아름다운 시였다고 한다. 미학의 대표적인 철학자 '크로체'의 아름다움에 대한 논문을 애독한다.

어느 보름달이 뜬 밤 나룻배 안에서 작은 촛불을 켜놓고 미학에 대한 논문을 읽다가 피곤하여 촛불을 끄고 자려는 순간 너무 아름다운 달빛이 배 안을 가득 메운다. 밖으로 나갔다. 달빛과 고요한 강의 조화로운 아름다움에 순간 숨이 막힐 듯하였다. 그 심정을 일기에 이렇게 썼다.

「아름다움이 온통 나를 둘러싸고 있었다. 그럼에도 불구하고 나는 그것을 외면한체 아름다움에 대한 책 속에 파묻혀 있었다. 내가 켜놓은 작은 촛불이 그 아름다움을 가로 막고 있었다. 촛불의 연약한 빛 때문에 달빛이 내 안으로 들어올 수가 없었던 것이다」라고….

이봐라 내가 진리다!

「견성에 다섯 계단이 있나니
첫째는 만법귀일의 실체를 증거 하는 것이요 (萬法歸一)
둘째는 진공의 소식을 아는 것이요 (眞空)
셋째는 묘유의 진리를 보는 것이요 (妙有)
넷째는 보림 하는 공부를 하는 것이요 (保任)
다섯째는 대기 대용으로 이를 활용함 이니라 (大機大用)」

나는 그 단풍든 나뭇잎과의 대화를 계기로 서툴게나마 자연과 대화하기 시작했다.

유치한 감각감상이지만 그렇게 시작되었고 그런 식으로 성리 연마를 하기 시작했다. 그런데 지지부진하여 나를 더 애타게 했다. 뜻과 같이 잘 되어지지는 않았다. 하지만 방법을 몰라 헤매지는 않았다. 만물을 볼 때 건성으로 보지 않고 꿰뚫어 보려고 애를 썼다. 그래야 자연 속에 꽁꽁 숨어 있는 진리를 캐 낼 수가 있을 테니까.

그러나 자연은 만만치 않았다. 깊이깊이 숨겨놓고 얼굴을 내보이지 않았다. 그런 속에서 어쩌다 감각감상이 생기면 너무 유치해서 일기에 기재할 거리도 못되었지만 그 나마라도 나에겐 소중한 깨침이었고, 그런 유치한 깨침이 바탕이 되어 어느 땐 제법 특별한 깨침도 얻게 되어 소중히 간직하며 열심히 감각감상으로 성리연마를 하게 되었다.

그럭저럭 또 1년이 지났다. 나는 1년을 더 요양하게 되어 시골교당에서 쉬고 있었고 또 가을을 맞게 되었다. 어느 날, 마루에 걸터 앉아 앞마당의 경치를 바라보는데 감각감상이 생기지 않아 멍청히 초점 없이 그저 보고 있었다.

그러자 건너편의 감나무 잎 하나가 바람에 요란하게 흔들리면서 갑자기 "이봐라 내가 진리다. 내 존재가 하찮은 나뭇잎 한 개지만 나도 진리의 조화로 존재한 진리의 화신(化身)이야. 진리의 조화와 기운 아니면 내가 어떻게 존재할 수 있겠니. 그러니 나도 너와 똑같은 진리의 화신이란다" 하며 춤추면서 애교를 부리고 있는 모습으로 보여졌다.

나는 순간 깜짝 놀라 마루에서 벌떡 일어나 "아, 그래 그래. 맞다 맞아! 그래 너라고 진리의 조화 없이 생존할 수 있겠니! 인간인 나도 나뭇잎 너도 진리의 화신이지! 같네!" 하고 옆을 보니까 밤나무가 "나도 진리야!" 앞마당 꽃, 풀들도 "나도 진리야, 나도 나도" 하며 진리라고 외쳐대는 것이었다.

나는 황홀하여 어쩔 줄 몰라 정신없이 진리의 합창을 듣고 있는데 또 다른 말로 합창한다.

"우리가 은혜야! 모두가 은혜란다"라고 소리친다. 저 햇빛, 공기, 땅, 물, 나무, 풀 모두가 은혜구나 진리이면서 동시에 은혜네! 아 만물이 하나의 이치로 존재하고 있구나! 아 -! 이래서 만법귀일이구나! 하고 직관으로 인식되어졌다(은혜건은 후기하겠음).

성리연마 이전에도 만법귀일의 뜻을 모르는 것은 아니었지만 그것은 사량으로 알고 있었던 것이다. 말하자면 즉 "사방 골짜기의 물들이 결국 흘러 바다 한 곳으로 모아지듯 만법이 제각각 달라도 그 근원은 하나의 진리에 바탕하고 있다"는 식으로 배워서 사량분별로 이해되었는데 지금은 달랐다.

"아! 이것이 관조라는 것 아닌가? 사량분별심에 의하지 않고 만물을 보는 순간 바로 그 본질을 파악하고 점두되는 것, 이것이 직관이며 관조라고 느껴지면서 나의 첫 의심 건이었던 관조의 뜻이 짐작되어 지는 것이었다. 그 다음 순간 나는 성리의 세계로 계속 빠져들고 있었다.

"만법귀일이구나! 그러면 그 귀일의 하나는 어디로? 어떻게?"하고 자꾸 자꾸 그 하나를 찾는다고 하늘을 쳐다봤다. 한참을 허공을 바라본다. 아무 것도 없어! 그저 텅텅 비었어! 멍청한 허공일 뿐이야! 그런데 어떻게? 무엇이? 누가? 아무것도 없는 저 허공이 무슨 능력으로? 무슨 힘이 있어 만물을 만들고 살리고 죽이고 또 만들고?

끝도 없이 바라보고 회의하다가 아—! 신기하네! 묘하네! 기적이네!—! 세상이 온통 기적 투성이네! 어쩌면 이렇게 기적을 온 우주 가득 나투고 있을까? 아무도 없는데 텅 비었는데! 참 사람의 사량으로는 헤아려지지 않는 불가능의 경지야! 감탄하면서, 의심하면서, 신비에 도취되어 정신을 허공에 매달고 있었다.

얼마가 흘렀을까. 문득 나는 저 텅빈 허공이 그저 멍청한 공간이 아닌 살아서 꿈틀대는 생명체로 보이며, 그 살아 있는 기운이 나를 감싸고 있는 느낌을 느꼈다.

아! 그래서 대종사님께서 멍청한 허공이 아닌 살아있는 진리의 공간 진공이요, 그 진공에서 무이이화(無爲而化) 자동적으로 생성된 신묘한 존재들아,— 이래서 진공묘유(眞空妙有)[1])라 하셨구나!

저 하찮다 여기는 풀, 온갖 꽃, 나무, 곤충, 동물, 누가 어떻게 저렇게도 묘하게? 나를 본다 나라는 존재는 또 어떤가! 참 묘하지! 한도 끝도 없다.

참 신기하다! 기적이다!를 연발하며 내 혼을 쏙 빼간 기적들의 세계를 나툰 모태가 저 텅 빈 허공이라고? 나보고 믿으라고? 이 중생이 그것을 믿으라고? 어떻게 믿어? 참으로 기가 막힐 일이었다. 그러나 그게 사실인데 어떻게 안 믿을 수가 있겠는가 믿을 수 없는 사실, 그러나 사실이라 믿을 수밖에 없는 사실.

나는 이 순간 이런 것이 견성이라는 것 인가하며 생각되면서도 설마 내가 견성을? 아니야! 아닐 것이야! 이런 것이 견성이라면 견성이 너무 시시하지 않아? 이런 것이 견성이라면, 이렇게 쉬운 것이 견성이라면 왜 견성이 어렵다고 야단들이지?

나는 정산종사 법어 원리 편 9장에서 그 답을 찾았다.

「견성에 다섯 계단이 있나니 첫째는 만법귀일의 실체를 증거 하는 것이요(萬法歸一),

둘째는 진공의 소식을 아는 것이요(眞空),

셋째는 묘유의 진리를 보는 것이요(妙有),

넷째는 보림 하는 공부를 하는 것이요(保任),

다섯째는 대기 대용으로 이를 활용함 이니라(大機大用).」

나는 위 법문을 다음과 같이 풀이해 봤다. 견성에는 여러 단계가 있다는 것을 알았다. 예전에 내가 알고 있어든 견성은 걸림 없는 무애자재(無碍自在) 한 자성(自性)의 혜광(慧光)을 발한 것이 견성이라 생각했다. 이는 선정삼매(禪定三昧)를 통해서만이 이룰 수 있는 지혜라 여겨 그토록 요원하고 어렵게 생각했던 것이었는데 이는 견성 오단계 중 중상근기(中上根機)가 할 수 있는 둘째 셋째 단계라는 것을 알게 되었다. 나 같은 근기 낮은 사람은 제일 첫 단계인 초견성의 경지 즉 '만법귀일의 실체를 증거 하는 것이요' 로써 이는 꼭 선정삼매가 안되어도 성리연마하면 초견성은 할 수가 있겠구나 하는 생각이 들면서 이 견성 오단계 법문으로 나는 위안을 얻고 자신을 갖게 되었다. 그러니까 초견성은 누구나 할 수 있다는 확신을 갖게 되었다.

잠깐 여기 첫 계단의 만법귀일의 실체를 증거하는 것이요」의 실체증거에 주목해야 할 것이다. 이는 그냥 만법귀일의 소식을 사량으로 사유로 사고로 이해 해석되었다는 것이 아니다.

만법만물의 실상을 직관으로 알아차렸다는 뜻이다.

예를 들면 사진으로 보고 들어서 알았다는 것이 아니라 실물을 직접 봤다는 것으로 파악해야 한다.

주해

① 진공묘유(眞空妙有)

진공 = 지극히 청정하여 텅빈 것 = 일원상진리의 체

묘유 = 텅비어 아무것도 없는 가운데, 신묘하고, 불가사의하며
무궁무진한 우주 삼라만상의 작용(원불교용어사전)

아! 바로 이 맛이야

「대여섯에 집에서 견성하고 큰 도인 찾아 성불하는데 공을 드린다.」

깨침이란 외부의 조건이 달라지는 것이 아니라 내 의식이 달라지는 것이었다. 이전엔 나무, 풀, 꽃 등을 보면 그저 그냥 나무요 풀이요 꽃이었다.

그랬던 것이 이젠 모두 진리로 보인다는 것이다. 즉 무한동력의 기운(에너지)으로 무위이화자동적(無爲而化自動的) 으로 생성변화(生成變化)하는 진리 자체로서의 나무요, 꽃이요, 풀로 보이는 것이다. 내 의식이 변한 것이다. 이런 것을 일러 견성이라고 하는 것인가 보다고 짐작했다.

그러나 당시 나는 이것이 견성이라고는 생각하지 않았다. 갑자기 보는 눈이 바뀌는 것이 어찌 견성이겠는가, 이런 것이 견성이라면 견성이 너무 쉽지 않은가.

나 같은 번뇌망상선만 하는 사람이 어떻게 견성을 해—? 하면서 거창한 견성을 비하하고 싶지 않았다.

그러나 대종경 성리품 23장 「거개의 수도인들이 견성만은 일찍이 가정에서 쉽게 마치고…」

대산종사님 「대여섯에 집에서 견성하고 큰 도인 찾아 성불하는데 공을 드린다.」

대산종사님 「견성은 손바닥 뒤집기보다 쉽다」하신 법문 등에 비추어 생각해 보면 사람의 의식세계야말로 한 생각 인식 차이가 손바닥 뒤집기보다 쉽게 바꿀 수 있다고 본다.

그러나 나는 아무래도 스승님의 감정을 받고 싶어 몇 번 망설임 끝에 대산종사님께 직접 여쭈어 보았다. "견성은 꼭 입정삼매를 통해서만 되는 것입니까?" 스승님 "아니다" 나는 이 한 마디 말씀에 천금을 얻은 듯 자신을 얻었다.

【이야기】

어느 포도 장사가 이 포도 맛을 잘 표현하는 사람에게 이 포도를 다 주겠다고 했다.

손님A "참, 달고나" 주인 고개를 저었다.

손님B "참, 새콤하고나" 주인 역시 고개를 저었다.

손님C "참, 새콤달콤하고나" 주인은 역시 고개를 저었다.

손님D "아—! 바로 이 맛이야" 하자 주인 미소지으며 그 포도를 다 주었다고 한다.

이 세상 모든 것이 하나도 경전 아님이 없나니

「그대여 보지 못 하였는가 불불조조들의 밀밀(密密)한 뜻을 붉은 꽃 푸른 버들 참 기틀을 포함이요 새 울고 꾀꼬리 지저귐은 이 법어(法語)로다」

○ 대종경 수행품 23장

「끊임없이 읽을 수 있는 경전을 발견하였는가… 중략 … 이 세상 모든 것이 하나도 경전 아님이 없나니 눈을 뜨면 곧 경전을 볼 것이요, 귀를 기울이면 곧 경전을 들을 것이요, 말을 하면 곧 경전을 읽을 것이요, 동하면 곧 경전을 활용하여 언제 어디서나 조금도 끊임 없이 경전이 전개 되나니라. …중략 」

○ 대종사 '그때 그 말씀 책' 중에

「나는 산 경전 보느라고 지묵으로 된 경전을 볼 틈이 없다.」

「득도(得道 = 見性) 하는 것이 어떠한 계기에 별일 아닌 것으로도 깨달을 수가 있다. 큰 데서만 도를 얻게 되는 것 이 아니다.」

○ 대산종사님

「그대여 보지 못하였는가 불불조조들의 밀밀(密密)한 뜻을 붉은 꽃 푸른 버들 참 기틀을 표함이요 새 울고 꾀꼬리 지저귐은 이 법어(法語)로다.」

「저 묘목(苗木)의 소리를 듣고 있느냐 저 소리를 들을 줄 알아야 한다.」

위 법문 등은 진리가 우주대자연 그 자체라는 것임을 알 수 있다.

나는 내가 깨친 것이 견성인가 아닌가 의심났을 때 선가의 책을 뒤적이다가 소동파의 견성오도(見性悟道)의 시를 보고 감정 받은 느낌을 얻었다.

소동파(蘇東坡) 당송팔대문장가(唐宋八大文章家)의 1인인 송나라 사람 그는 어느 날 대문장가(大文章家)가 되고 보니 절집의 스님들이 우습게 보여, 한번 코를 꺾어 볼양으로 옥천사 승호선사(承皓禪師)를 찾아갔다.

스님 "뉘시오"

소동파 "칭(秤)가요"

스님 "칭가라니요?"

소동파 "저울칭자 칭가요"

스님 눈치 채고 "할" 하고 천지가 진동하게 외치며 "이것이 몇 근이나 되는가 달아보시오"

소동파 깜짝 놀라며 자신의 경솔함을 뉘우치고 정중히 스님에게 "불법의 적적대의가 뭣이요?"물으나

스님 묵묵부답

소동파 하는 수 없이 물러가 두 번째로 여산의 귀종사 불인요원(佛印了元) 선사를 찾아갔다.

절을 수리하느라 바빴다.

선사 "수리하느라 앉을 자리가 없으니 아무데나 앉으십시오.

소동파 "그러면 화상의 사대(四大=몸) 를 빌려 주십시오"

선사 "그러면 제가 문제 하나를 내겠습니다. 맞추면 대관의 의자기 되어드리고 못 맞추면 대관의 옥대를 풀어서 나에게 주십시요"하고 "사대가 공한 것인데 어데다 몸을 앉히시겠습니까?"

소동파는 그만 아무 대꾸도 못하고 참패를 당하고 말았다.

소동파는 자존심은 상했지만 정중히 인사하고 "불법의 적적대의가 무엇이요"

선사 "일체사량분별(一切思量分別)을 쉬고 또 쉬십시오"

세 번째로 소동파는 여산 흥룡사 상총선사(常聰禪師)를 찾았다. 여기선 처음부터 자신을 나추고 정중히 물었다. "일대사인연(성불제중)을 해결코자 왔습니다."

스님 "거사는 유정설법(有情說法)은 들을 줄 알면서 무정설법(無情說法)은 들으려고 안하시오" 하자

소동파는 처음 듣는 무정설법이라는 말에 기가 막혔다.

무정설법이라는 단어 자체를 이해 못한 것이다. '천하문장인 내가 무정설법이라는 말의 뜻을 모르다니 도대체 그게 무슨 말인가' 하고 자존심 상해 다시 묻지도 못하고 절에서 물러나와 말을 타고 가나 말이 어디로 가는 줄도 모르고 무정설법이라는 단어 넉자가 의심으로 천하에 가득 찼다. 무정설법, 무정설법 얼마나 시간이 흘렀을까.

어느 계곡에서 물 흐르는 소리가 요란하다. 소동파는

그 소리에 정신이 바짝 들면서 확 깼다. 아—! 바로 이것이구나 하고 시 한 수를 읊었다.

계성편시 장광설(溪聲便是 長廣舌)이요
산색기비 청정신(山色豈非 淸淨身)이라
야래팔만 사천게(夜來八萬 四千偈)를
타일여하 거사인(他日如何 擧似人)가.

이 시가 견성오도시다.

해석하면 시냇물 소리가 이 부처님의 법문(장광설)이요, 산 모습이 어찌 청정법신불의 모습 아니겠느냐. 몰래 들려오는 팔만사천 법문을 다른 날 누가 나에게 물어오면 어떻게 드러내 보여줄까.

조사들의 오도송(悟道頌)

○소동파의 見性詩 ②

여산연우 절강조(廬山烟雨 浙江潮)를

여산의 안개비와 절강의 조수가 절세의 경관이다.

미견천반 한불소(未見千般 恨不消)라

아직 보지 못하면 천반의 한이 없어지지 않는다.

도득귀래 무별사(到得歸來 無別事)니

그래서 가서 보고 돌아왔다 별 것이 아니다.

여산연우 절강조(廬山烟雨 浙江潮)라

여산의 안개비요 절강의 조수다.

○소동파 시 ③

소환불화 의고재(素紈不畵 意高哉)

흰 비단에 그림이 없는 것이 그 뜻이 높다

당착단청 타이래(倘着丹靑 墮二來)

혹시 붉고 푸른 색을 칠하면 두 가지로 떨어지지만

무일물중 무진장(無一物中 無盡藏)

한 물건도 없으면 무궁무진함이 갊아 있나니

유화유월 유누태(有花有月 有樓台)

꽃도 있고 달도 있고 누대도 있나니라.

원효대사(元曉大師) 시

청산첩첩 미타굴(靑山疊疊 彌陀窟)이요

첩첩이 둘러싸인 청산이 곧 아미타불이 거하시는 굴이요

창해망망 적멸궁(滄海茫茫 寂滅宮) 이라

망망한 푸른 바다가 부처님 계신 적멸궁이라

욕식불조 회광처(欲識佛祖 回光處)인덴

불불조사들의 회광처(回光處(깨친 바))를 알고 싶거든

일락서산 월출동(日落西山 月出東)이라

해는 서산에 지고 달은 동쪽에 솟아오른다.

당(唐)나라 조주(趙州)화상은 "도가 무엇입니까"의 물음에

① 동서남북(東西南北)

까마귀 날고 토끼 뛰는 곳도 아닌 곳 없어라

② 정전백수자(庭前栢樹子)

뜰 앞의 잣나무니라

③ 지도무난(至道無難)

우리 눈앞에 펼쳐진 자연의 만물, 이 모두가 지도(至道)의 모습이다. 어려운 것이 아니다란 뜻.

마조도일대사(馬祖道一大師)

평소의 마음이 곧 도 = 평상심시도(平常心是道)

평소의 마음이란,

"꾸미지 않고 판단하지 않고 형편따라 움직이는 이 모두가 바로 도다. 본래의 청정심을 상실하지 않는다. 범부는 먹을 때 여러 가지 일들을 생각하고 잠잘 때 천만가지 꿈꾸고 그래서 나와 같지 않다."

또 "도란 졸리면 잠자고, 배 고프면 밥 먹고 추우면 불 쬐고"

당나라 천황사(天皇寺) 천황스님은

제자 숭신(崇信)이가 10년 모셔도 법문 안해 주신다고 불평하니 "나는 법문 안한 적이 한 번도 없다. 인사하면 받고, 밥해 주면 먹고 차주면 마시고"

응? 은혜네!

대산종사님 법문 「많은 성현이 지나가셨는데 그 중에서 인류를 크게 구원하신 두 가지 발견이 있으니 하나는 부처님께서 마음을 발견하여 주심이요 또 하나는 대종사님께서 은(恩)을 발견하여 주셨음이니라」

대산종사님 법문 「많은 성현이 지나가셨는데 그 중에서 인류를 크게 구원하신 두 가지 발견이 있으니 하나는 부처님께서 마음을 발견하여 주심이요 또 하나는 대종사님께서 은(恩)을 발견하여 주셨음이니라.」

나는 대종사님의 홍은을 절절히 가슴이 메이도록 느꼈다. 성리연마 하면서 어느 날 아 — 진리네! 하고 깨달을 때 거기에만 머물지 않고 응? 은혜네! 은혜야 은혜! 하며 동시에 만물이 모두 은혜로 보이고 깨친 것, 이것은 대종사님 제자 아니면 얻을 수 없는 소중한 보물이다.

평소 나는 우리의 사은의 법문을 배워 알고 있지 않았다면 진리네! 하고만 그치지 은혜까지 깨달을 수는 없었을 것이다.

전장에서 밝혔듯이 저풀, 꽃, 나무, 땅, 공기, 햇빛 등등이 모두 진리네. 진리의 기운과 조화 없이 저 나뭇잎 한 개인들 어떻게 존재할 수 있을까? 진리의 화현이야! 진리야! 하고 깨쳤을 때 동시에 응? 또 은혜네! 저 모두가 은혜네! 저 모든 만물 없인 어떻게 내가 살아갈 수 있지? 살 수 없어! 이 공기의 은혜, 햇빛의 은혜 아—! 모두가 나를 살려주고있는 은혜야! 나만 살려주나? 아니야 서로 서로 다 은혜로 얽혀 있어! 하는 나의 깨침은 내가 평소 대종사님 사은의 법문을 귀에 젖도록 배우고 듣고 연마하고 설교하였던 것이다. 깨닫지는 못했으나 내 의식에 젖고 젖었기 때문에 진리로 보는 순간 은혜로 봐지는 것이었다.

은혜도 배워 아는 것과 직관으로 은혜임을 보고 깨닫는 것은 나의 의식세계에선 천지 차이로 다름이 느껴졌다. 마치 사진으로만 본 사람을 직접 그 사람을 만나본 것과 같은 것이었다. 그러기 때문에 은혜를 피부로 느끼고 현실생활에서 직접 보고 듣고 접하며 은혜속에

생활하고 있음을 절실히 느껴진다. 마치 나라는 고기가 물(은혜) 속을 살고있는 것 같다. 그러니까 항상 감사 감사가 저절로 느껴지고 말로 터져 나온다. 그러므로 내 마음은 항상 기쁘고 행복감에 젖어 살게 된다. 거기에 덤으로 얻어진 것이 한두 가지가 아니지만 아주 아주 큰 행운을 가져다 준 것이 있다.

긍정적 성격으로 바뀌진 것이다. 이것이야말로 나의 조물주가 나의 운명을 행복한 오은성이로 바꿔준 결정적 핵심이다.

세상만사에는 부정적인 면, 긍정적인 면, 양면이 있기 마련이다. 그런데 나는 예전엔 부정적으로 보고 생각하는 내 본위적인 못된 성격이었다. 그러자니 남에게 상처를 주고 나 자신도 상처를 많이 받고 사는 어리석은 중생이었다. 그러자 전무출신 서원을하고 대학다닐 때부터 상시일기 기재하면서 마음공부하는데 나의 결점인 부정적인 성격과 삼독심을 고쳐보려고 안간힘써 보지만 아침에 다짐하고 밤에 반성 참회하는 반복생활에 내 자신도 질려 나를 미워하고 자학을 하면서 그럭저럭 50살까지 그 버릇 별 진전없이 살아왔었다.

그러다가 51살부터 병으로 3년간 요양할 때 성리연마하면서 이상에 기술한 바와 같이 그런저런 과정을 겪고 진리와 은혜를 직관으로 터득하고부터 내 그 고질병인 부정적 성격이 바뀌지는 것이었다.

물론 세상만물이 모두 다 은혜로 얽혀 운행되고 있음을 깨쳤다고 해서 숙세에 찌들고 익힌 성격과 습관이 일시에 다 고쳐지는 최상근기의 돈오돈수는 언감생심 꿈도 못꾸지만 큰 마음 머리는 돌려졌다고 나는 말할 수 있다.

이 마음 머리가 부정에서 긍정으로 돌아간 그 자체로 나의 조물주는 내 운명을 밝게 바꿀 가능성이 크고 희망적이란 점이 소중한 것이다.

세상에서 제일 불행한 사람은 성격 잘못 타고난 사람이라고 나는 생각하고 있다. 성격이 운명을 좌우하니까.

은혜도 견성해야 참 감사보은심이 나온다. 배워 알고 느끼는 것만으로는 무시무처(無時無處)로 은혜로 보이고 감사한 마음이 우러 나오지 않는다(내 경험에서 얻어지는 감각이다).

나의 자문자답

○나는 자문자답(自問自答)해 본다

① 대종사님의 사은법문을 배우지 못하였다면 은혜도 견성을 하였을까?

[답] 당연히 아니다.

② 진리임만을 견성한 것과 진리와 은혜까지 견성한 것과의 삶 속에서의 차이는?

[답] 진리임만의 견성은 진리의 현묘함에 고개숙여지고 존엄한 진리에 겸허해진다. 은혜의 견성은 진리의 은혜면에 감사하여 보은하고자 하는 기쁨으로 심중극락생활을 하게 된다. 그러므로 두 개를 다 갖춘 것과 하나만 터득한 것의 차이는 물론 다르다.

나의 견성에 대한 단견을 점검해 본다

○나는 견성에 대한 단견(短見)을 갖고 있었다. 점검해 본다.

첫째 = 견성만 하면 신통변화도 나툴 수 있는 것으로 알았다.

둘째 = 견성하면 수행도 한꺼번에 다 원만해지는 것으로 알았다.

셋째 = 견성은 반드시 선정(禪定)에서만 이룰 수 있는 것으로 알았다.

〔첫째〕 단견(短見) 「견성만 하면 신통변화도 나툴 수 있는 것으로 알았다」

[답] 고려시대의 불일보조(佛日普照) 국사께서는 수

심결 7장에

"묻되 만일 참으로 견성일진대 곧 이 성인인지라 마땅히 신통변화를 나투어 사람으로 더불어 다름이 있을 것이어늘 어찌하여 마음 닦는 무리들은 한 사람도 신통변화를 나타냄이 없나이까?"

8장

「너는 함부로 망녇된 말을 하지마라. 사(邪)와 정(正)을 분간하지 못하는 것이 이 미(迷)하고 전도(顚倒)된 사람이니…하략.」

9장

「…전략… 이른바 신통변화라 하는것은 깨달음에 의지하여 닦아서 점점 훈습한 결과에 나타나는 것이요 견성 즉시 발현되는 것이 아니니라.」

10장

「…신통변화라 하는 것은 통달(通達)한 사람의 분상(分上)에는 오히려 요망하고 괴이한 일이며 성현의 말변지사(末邊之事)라 비록 나타났다 할지라도 아무소용이 없거늘 금시에 미하고 어리석은 무리들은 한 생각

깨달을 때에 곧 따라서 한량없는 묘용(妙用)과 신통변화를 얻는다 하니 이러한 견해는 선후본말을 알지 못함이니….」

11장

「공부하는 길을 알지 못하는 고로 어렵고 아득한 생각을 지어서 스스로 퇴굴심을 내어 부처의 종성(種性)을 끊는 이가 많지 않다 할 수 없는지라. 이미 스스로 밝지 못할 새 또한 다른 사람의 깨친 것을 믿지 아니하여 신통 없는 이를 보면 이에 경만심(輕慢心)을 내어 어진이를 속이고 성현을 속이나니 진실로 불쌍한 일이로다.」

17장

「전략…신통(神通)과 아울러 묘용(妙用)이 물 긷고 나무 운반하는 것이니라.」

(둘째) 단견(短見) 「견성하면 수행도 한꺼번에 다 원만해지는 것으로 알았다.」 즉 돈오(頓悟 - 단박에 깨침)하면 동시에 돈수(頓修-단박에 수행 실천)도 같이 이룰 수 있는 것으로 알았다.

[답] ○ 변의품40장

"최상의 근기는 일시에 돈오돈수를 한다 하였사오니 일시에 오(悟)와 수(修)를 다 끝마치나이까" 대종사 말씀하시기를 "과거 불조 가운데 돈오돈수 하였다 하는 이가 더러 있으나 실은 견성의 경로도 천층만층이요 수행도 여러 계단을 거쳐서 돈오돈수를 이루는 것이니 비건대 날이 샐 때에 어둠이 가는지 모르게 물러가고 밝음이 오는 줄 모르게 오는 것 같나니라"

○ 정전 작업취사의 목적

"우리 인류가 선이 좋은줄은 알되 선을 행하지 못하며 악이 그른 줄은 알되 악을 끊지 못하여 평탄한 낙원을 버리고 험악한 고해로 들어가는 까닭은 무엇인가 그것은 일을 당하여 시비를 몰라서 실행이 없거나 설사 안다 할지라도 불같이 일어나는 욕심을 제어하지 못하거나 철석같이 굳은 습관에 끌리거나 하여 악을 버리고 선을 취하는 실행이 없는 까닭이니…」"

위 법문에 불같이 일어나는 욕심과 숙겁의 찌든 철석같이 굳은 습관이 견성과 동시에 다 제어하기란 어려우나 다른 점이 있다면 경계마다 회광반조(回光返照-

깨달음의 빛을 돌이켜 비추어 봄)하며 수행하므로 오염수(汚染修-더러운 닦음)에 떨어 지지 아니한다.

○ 선가귀감엔 "이치는 단박에 깨칠 수 있으나 버릇은 한꺼번에 가시지 않는다."

○ 수심결12장

묻되 "깨치기를 이미 문득 깨쳤을진대 점수할 필요가 무엇이며 닦기를 만일 점점 닦았을진대 어찌 돈오라 말하리요?"

돈오(頓悟)란 — 자성이 참 법신인 줄 알지 못하고 자기영지가 참 부처인 줄 알지 못하고 마음 밖에 부처를 구하여 허망히 돌아다니다가 선지식(善知識-고승석덕)을 만나 지도에 힘입어 정로에 찾아들어 자기의 본성을 보니 원래 번뇌가 없고 샘(틈으로 새어 나감)이 없는 지혜가 본래 구족하여 곧 모든 부처님과 더불어 다름이 없는 것을 알았을새 고로 돈오라.

○ 13장

점수(漸修)란 — 다생겁래에 익혀온 습기(習氣)를 갑자기 다 제거하기가 어려운 고로 깨달음에 의지하여 회광반조하며 닦아서 점점 훈습(훈련)하여 공을 이루어 성태(聖胎), (원래 부처의 本性)를 기르기를 오래오래 한 뒤에라야 성인을 이룰새 고로 점수라.

〔셋째〕 단견(短見)「견성은 반드시 선정(禪定)에서만 이룰 수 있는 것이라고 믿었다.」

[답] 견성의 단계가 여러 단계가 있다. 정산종사 견성오단(전장 참조)을 보면 첫째 단계가 초견성인데 나의 경험은 첫 단계인 초견성을 말함이요, 이 책에 밝혀놓은 것이 그 답이 될 것이다.

나의 감각감상으로 얻어진 견성의 필요성

○나의 감각감상으로 얻어진 〔견성의 필요성〕

① 천상천하유아독존(天上天下唯我獨尊)인 '나' 를 (相對性이 아닌 絕對性) 명실상부(名實相符)한 천상천하유아독존인 나로 조불(造佛)하기 위해서 견성해야 한다.

【이야기】

어느 스님이 상좌가 눈을 뜬 것 같아 물었다.

"너 몇 살이냐?"

상좌 "우주와 동갑이요"

"우주가 몇 살인데?"

상좌 "저와 동갑이요"

우리는 우주의 수명과 함께 살아왔고 또 우주의 수명

과 함께 살아가게 된다. 이런 영원한 내 수명에 비하면 지금 살고 있는 이생의 일생이란 순간이요 찰나(刹那)에 불과하다.

영원한 내 생명을 위해 찰나 같은 이 일생을 어떻게 살아야 할까?

○ 찰나를 위해 영생을 망칠 것인가?

○ 어느 스님께서 말씀하셨다. "부처님께서 중생을 볼 때 마치 봉사가 지팡이도 없이 난간 없는 외나무다리를 건너는 것과 같아 고해(苦海)에 빠질 위험이 있다"고.

○ 영생을 위해서 찰나 인생을 살면서 진리의 눈을 떠야(見性해야) 봉사가 눈을 뜬 것과 같아 고해에 빠지지 않고 영생을 잘 살 수 있을 것아닌가! 새 부처님 정법 회상 만난 이 찰나 인생 때 꼭 눈을 떠야 하겠다.

② 견성의 필요성

○사십이장경 11장에 "… 전략 부처님 천억분을 공양하는 것이 생사고락의 모든 차별법을 초월하여 닦을 것도 없고 얻을 것도 없는 자성을 깨침만 같지 못하나니라"

우리는 항상 아쉬운 중생의 입장에서 부처님께 하나님께 빌고 매달려 달라고만 하면서 애태우며 괴롭게 살 것인가!

○ (2007년 9월 KBS1 TV에서 방영된 2007년 특별기획 차마고도 중 '순례의길' 편에 티베트인 청년 3명이 2,100K를 6개월 걸쳐 삼보일배 오체투지하면서 라싸의 부처님께 정성 바치는 모습 보고 인간의 무한동력에 감탄했다.

그 무한동력으로 견성성불하는데 적공하면 반드시 이룰 것이라 생각된다.

③ 견성의 필요성

어느 날 한 동지와 같은 상항을 보고 평가하는데 전혀 반대되는 평가하는 말을 듣고 감각감상을 얻었다.

우리는 경계 속에서 산다(일상생활이 모두 경계다).

(정전 사리연구의 목적)

"이 세상은 시비이해의 일로 운전해 가나니…"

경계는 시비이해를 판단해야 하는 지혜를 요구한다.

경계→ 판단→ 선택→ 실행 = 업을 짓는 것.

그러므로 판단은 나의 운명(영생의)을 좌우한다.

"나의 조물주는 나"란

바로 판단 이 조물주 역할을 한다고 볼 수 있다.

이같이 내 운명을 좌우하는 판단을 강요당하는 경계의 숲속에서 사는 우리가 판단의 표준 이 기준이 무엇이어야 할까?

나의 본능적 욕구충족에 매달린 이기심으로 인한 자기본위적인 잣대로 표준을 삼는다면? 말할 것도 없이 편견으로 판단하므로 다툼, 원망, 갈등을 낳는다(악업을 짓는다).

그러면 이 세상에서 원만하고 공정한 최고의 판단표준은 무엇? "진리다!" 불생불멸 인과보은의 진리 이 진리를 견성해서 눈을 떠야 공정하고 원만한 판단을 하고 살면서 성불의 조물주가 되지 않겠는가!

○ 그 진리를 모르면? — 죄고로 떨어진다.

배워서 알면? — 오염수(汚染修)다.

깨치면?— 본래심에 회광반조(回光返照)하면서 진리대로 살므로 진급이 되고 은혜를 입고 일원의 위력을 얻고 일원의 체성에 합한다.

④ 견성의 필요성

수심결 34장, 35장

○ 깨지 못하고 닦는 것은 즉 견성못하고 수행하는 것은 오염수다고 보조국사는 밝히셨다.

즉, 수행에 공력을 드리나 깨지못하여 무명인지라 정견(正見)할 줄 모르고 경계마다 전도몽상(顚倒夢想)하여 무시습기(無時習氣)를 조복(調伏)받지 못하고 마음의 자유함을 얻지 못하므로 깨지 못하고 닦는 것은 참으로 닦는 것이 아니다. 마치 더러운 물에 빨래하는 것과 같다 = (오염수)

그러나 깨친 사람의 분상에는 심성이 본래 청정하고 번뇌가 원래 공한 자리를 문득 깨쳤으나 무시습기가 굳고 무거워서 경계를 대하매 요란하고 글러지나 곧 깨달음에 의지하여 회광반조하며 대치하는 공부로 무시습기를 조복하므로 이는 오염수에 떨어지지 않나니라.

그러므로 깨친 후에 닦는 것이 참으로 닦는 것이다고 오후수라야 진수다(悟後修라야 眞修).

위와 같은 보조국사의 수심결 법문에 비추어봐도 참

으로 나 자신의 영원한 지혜와 복락수용 그리고 마음의 자유함을 얻고자 하면 진리를 견성하고 성불의 공을 쌓아야 할 것이다.

대산종사님

"수도하는 사람이 견성을 해야 진리를 알게 되고 진리를 알아야 인과인연법도 알게 되고 취사심도 생긴다."

대산종사님

"불공을 잘하기 위해 견성해야 한다."

"그 사람이 불공하는 것을 보면 견성했는가 안했는가 알 수 있다. 일일이 불공이 안되면 견성이 안된 것으로 알라."

"견성하면 전체를 진리 부처를 알기 때문에 불공심이 나온다."

나의 사랑의 公式이 있다

나의 사랑의 공식이 있다.

"나는 나를 최고로 사랑한다.

그러므로 남에게 사랑받고 싶다.

그럴려면 남에게 사랑 받도록 해야 한다.
그것은 내가 남을 사랑하는 것이다."

인과의 진리는 무섭도록 엄격하다.
"최고로 사랑하는 나가 남을 섬겨야(佛供)만
남에게서 내가 섬김을 받게 된다."는 이 진리!
이 섬기는 불공심이 견성해야 된다는 것이다.
견성을 하면 모두가 진리 부처님으로 보이기 때문에—!
그러나 무시습기로 절인 무거운 업습이 깨쳤다하여 졸지에 실천이 안되지만 깨달음에 의지하여 회광반조하며 부처로 보고 섬김을 천번, 만번, 억만번 하고 또 하라 하신 대산종사님의 말씀을 받들어 적공해야 하겠다.
대종경에
견성은 국문의 본문을 안 것과 같다. 또 목수가 잣대와 먹줄 얻은 것과 같다 하셨다.

견성이 본문 안 것과 같다면 견성 전에는 본문도 모

르는 것이 되고, 견성이 잣대와 먹줄 얻은 것이라면 견성 전에는 잣대도 먹줄도 얻지 못한 것이 된다.

그런다면 견성도 못하고 본문 깨쳐 글을 줄줄 읽기를 바라며 견성도 못하고 잣대도 먹줄도 없이 집을 지으려고 할 것인가. 견성을 해야 비로소 본문 깨친 것이고 먹줄 잣대 얻은 것에 불과하니 견성이 모든 것의 기초가 된다는 절박한 과제이다.

○그래서 대산종사님께서

30여년 전부터 교단 100주년을 앞두고 의두성리 7조목을 내려주시며 대정진 대적공 하자 양계인증(陽界認證)과 더불어 음계의 인증(陰界認證)이 쏟아져 나와야 한다. 하신 부촉법문을 내려주신 것이라 생각된다.

이러하니 어찌 견성하지 않을 수 있을까!

대 정진 대 적공 합시다.

나의 감각감상으로 얻어진 성리연마의 쉬운 방법

① 나의 감각 감상으로 얻어진 쉬운 성리연마의 방법

○ 대산종사님 "낚시바늘이 굽어야 고기를 낚을 수 있듯이 의심이 걸려 빠져나올 수 없도록 딱 걸려야 도를 낚을 수 있다."

○ 만물을 볼 때 의심을 걸고 보자. 그러기로 하면 신비스럽게 보자. '신기하네, 기적이네' 하고 느끼고 보자.

【예】

하찮은 저 풀 하나도, 저 곤충 한 마리도 어느 것 하나 신비하고 기적 아님이 없다. 또 나 자신의 몸 구조도 마음의 움직임도, 의심덩어리다 신비하고 기적이다.

"어떻게 이럴 수가! 무엇이? 왜? 어떤 조화로?" 등등 이렇게 의심을 걸고 보고 듣고 만지고 생각을 궁굴려 보자.

의심이 생겨야→ 연마가 되고 그래야 깨침이 있다.
무의(無疑)는 무각(無覺)이요. 유의(有疑)는 유각(有覺)이다.
이 세상 어느 것 하나 기적 아님이 없다.

진리는 만물이요, 만물은 모두 다 기적이요 신묘하다. 자연은 그저 그런 것 당연히 그런 것이다고 생각하는 것이 큰 마장이다. 기적이니까 묘하다. 묘하니까 왜? 하고 의두(화두)를 걸고 연마하자.

○ 의심이 걸리기 시작하면 견성은 반은 한 것과 같다.

② 〈쉬운 방법〉

○ 인과보응의 이치를 현실의 일상생활 속에서 찾고 의심을 걸고 연마하자.

【예】

상대가 칭찬하면 기쁘고

상대가 비방하면 싫고 밉고

상대가 은혜를 주면 기뻐서 나도 주고 싶고

【예】

식물씨가 →열매로 → 씨로 돌고 돌고,

동물이 = 생하고 → 커서 새끼 낳고

사람이 = 태어나서 커서 어른되고 자식 낳고 늙고 죽고 또 태어나고.

식물이나 동물이나 사람이나 무슨 재주 기술 능력이 있어 태어나고 자라면서 새끼 자식을 낳는가? 그 자체만으로도 신비하고 기적이요, 의문덩이다.

예사로움 속에 파 묻혀 그냥 흘러 보내면 아무 것도 깨칠 수 없다. 지혜가 열리고 쌓이지 않고 견성할 수 없다.

어렵게 삼세인과까지 안 따져도 현실 인과만으로도 인과의 이치를 깨칠 수 있다. 삼세는 현세의 시간의 연속일 뿐 이치는 같으니까.

【이야기】

TV에서 6삭동이를 병원에서 인큐베이터에 넣고 키우는데 의사 간호사 10여명이 매달려 키우는 것을 봤다. 세상 어머니는 모태 중에 태아를 잉태하고도 아무 별다른 일 없이 일상생활하면서 10개월만 되면 태아는 완벽한 아기로 태어나지 않은가. 그러니까 어머니는 기적을 나투고 있는 것이다.

③ 〈쉬운 방법〉

○ 은혜는 어떻게 해야 견성을 할 수 있나?

○ 근본 은혜를 찾자—은혜의 근원처를 찾자.

【예】

물을 쓸 때 물의 대은(大恩)을 느끼자.

물을 사용할 때, 그 물의 은혜를 추구 추구 캐나가다 보면 근본은을 간절히 느껴지고 깨우쳐진다.

○ 지엽적인 작은 은혜를 접하게 될 때는 그 작은 은혜를 통하여 근원으로 추구하다 보면 근본 은혜에 마음이 미치고 이렇게 늘 하다 보면 대은(大恩) 근본은을 발견하게 된 것이 은혜의 견성이다.

나의 감각감상으로 얻어진 성리연마 할 때의 주의사항

나의 감각감상으로 얻어진 〈성리연마 할 때 주의사항〉

① 우주대자연 삼라만상이 바로 진리다

그러므로 우리의 일상생활도 진리의 작용이다.

그런데 우리는 일상생활하면서 일상성에 젖어 그저 그런 것, 당연한 것, 예사 그런 것, 하고 건성으로 보고 듣고 넘겨버려 의심이 걸리지 않는 것이 성리연마의 큰 마장이다.

그러니 내 주위의 일체만물을 볼 때 투시, 응시, 직관, 관조 하며 의심을 걸고 보고 듣고 느끼고 하는 습관을 기르자.

자연의 모든 것이 신묘하지 않은가?

대종경 수행품 23장

"전략 … 이 세상 모든 것이 하나도 경전 아님이 없나니, 눈을 뜨면 곧 경전을 볼 것이요. 귀를 기울이면 곧 경전을 들을 것이요 …… 후략"

② 성리연마의 마장은 사량(思量), 사유(思惟), 사고(思考), 사변(思辨)이다.

○ 이렇게 저렇게 꿰맞추어 보고 따져보려고 말고 열심히 사고하지 마라.

불가에서 선문답 할 때 알 수 없는 엉뚱한 말로 묻고 대답하는 것은 사량으로 흐르지않고 의심을 걸게 하고 그것을 직관으로 깰 수 있게 하기 위해서일 것이다.

사변으로 철학적. 의리선 문자선(文字禪)적으로 연마하면 지식으로 쌓이지 지혜로 열리지는 않는다고 나는 생각한다. 그리고 나중에는 그것이 견성이라고 착각하고, 그것이 습관되어 견성의 길과는 더욱 멀어지지 않을까 싶다.

지식은 지혜로 심화(深化)시키지 않으면 그 지식은 쓸

모가 없다는 스승님의 말씀.

우리 교법은 간명하고 쉽기 때문에 학문적 · 철학적 사변으로 흐르기 쉽다.

또 주의할 것은 성리연마 할 때 대소유무의 이치에 부합되는지 요리저리 따져가며 연마하는 것은 삼가 할 일이다.

다만 견성 후에 하나씩하나씩 깨쳐진 것을 교법에 감정받는 차원에서 맞추어 보는 것이라야 줄 맞는 공부가 되는 것이다.

③ 아는 것을 배제하라, 상식을 배제하라.

④ 깨닫기를 조급하게 기다리지 마라.

성리연마는 연마 자체가 지혜단련이기 때문이다.

견성을 하였다 해도 성리연마는 계속되어야 한다. 무한히.

2부

감각감상 · 심신작용처리건

차별, 즉 평등

감각감상

기차 속에서 많은 사람 보다가

저 천태만상의 사람들! 어쩜 저렇게 천태만상일까?

이 모두가 그저 우연일까?

아니야! 왜?

사람들의 바람은 다 같으니까!

잘 살고 싶고 예쁘고 싶고 잘 나고 싶고 행복하고 싶고…

그런데 현실은 저와 같이 한 사람도 같지 않고 천태만상이야! 왜일까?

그래 진리가 저렇게 만들어 놨어!

지공무사하게 지은대로 그냥 그대로 보여줘!

거울처럼! 그것이 저렇게 나타난 것이야!

진리는 지극히 공정하게 누구에게나 평등하게 자기 것 만큼만 준 것뿐인데 저런 차별로 나타난 것이야. 콩 심은 데 콩 나고, 팥 심은 데 팥 나고.

아! 그래서 차별, 즉 평등이구나!

원기 71(1986)년 6. 7 55살

정신세계의 진화

감각감상

늘 보는 작은 일, 아무 것도 아닌 것이 새삼 위대하고 신비하게 느껴지고 새로운 맛을 느끼게 하는 것은 왜일까?

자연이 그대로 경이롭고 신비하고 나에게 가르침을 주는 것은 왜일까?

새우는 소리, 바람 소리, 풀 하나가 모두 위대한 모습으로 비친다. 참으로 신비하구나! 위대하구나! 경이롭구나…!

내 정신세계의 진화인가?

원기 71(1986)년 6. 7

한마음 살았음이여

감각감상

대산종법사님께서 오미산님 영전에 내리신 법문.

한 마음 살았음이여, 천만 마음 살렸도다.

한 마음 의로웠음이여, 천만 의를 일으켰도다.

한 마음 공변되었음이여, 천만 공심을 일으켰도다.

참으로 마음속 깊이 사무치게 공감이 된다.

내가 젊은 시절 농촌 시골교당에 재직중일 때 오미산 선진님께서 방문해 주신 일이 있었다.

그때 나는 농촌 시골교당이라 교화가 뜻대로 잘 안되어 마음이 가라앉아 있어 발전은 포기하고 현상유지만 하고 있을 때였다. 오미산 선진님께서 나의 말을 들으시고 얼마나 간절한 말씀으로 내 마음을 북돋아 주시고 살려주시느라 애쓰시는지 그때 나의 느낌이 "오미산 선진님은 참 법열에 차시고 마음이 싱싱하게 살아있으시구나"고 느꼈던 것이다.

그렇다. 내 한 마음이 살아있음으로써 내 일생 동안 산 생활이 되고 또 나의 산 마음으로 인해 만나는 인연마다 그 마음을 살릴 수 있는 것이다.

죽은 마음, 타락한 마음 가진 자와 가까이해 본다면? 같이 물들지 않겠는가!

나를 돌아본다. 내 마음은 살았는가? 나는 남의 마음을 얼마나 살려주며 살았는가?

참으로 부끄럽다.

원기 73(1988)년 1. 4

나를 위해 오신 대종사님

감각감상

오늘 성탑참배하러 갔다. 성탑 주위의 대종사님 10상을 보다가 갑자기 새 느낌이 온다.

앞 다섯상을 보면서 산상기도하신 것, 스승 찾아 다니신 것, 그 모두 나를 위해 고생하셨구나! 하는 생각이 갑자기 들면서 가슴이 꽉 메인다.

그래 나는 저런 고생 않고도 성불할 수 있는데 지금 나는 뭘하고 있지?

대종사님께서 저렇게 날 위해 고행하시면서 탄탄하게 닦아 놓으신 성불하는 길이 내 앞에 훤히 뚫려 있는데 길 몰라 방황하거나 고생할 필요도 없이 쉽고 간편하게 길을 뚫어 주셨는데 왜 나는 지금껏 뭘했지?

또 뒤 다섯상을 보니까 대종사님명 받드시고 선진님

들의 그 노력 그 고생하시는 것도 다 날 위해서 이 회상 만드실 기초 닦으시느라 고생하시는 모습으로 비춰져 선진님들께 뼛속 깊이 감사함과 죄송함, 은혜로움이 내 가슴을 아프게 친다. 아, 모두 날 위해 저렇게 고생들을 하셨구나! 아-! 참으로 나는 너무 너무 행복하구나. 세상에 나같이 행복한 사람 누굴까!

우리 대종사님 제자 아들딸들은 다 최고의 행복자이지! 행복하지만 그 행복을 만끽한 사람이라야 참 행복자 아닐까!

내 영생을 제도 구원해 주시기 위해 대종사님 그리고 여러 스승님 선진님들께서 그토록 험한 고행하신 것인데 나는 현생의 안일에 젖어 이 만고의 회한을 안고 살 수는 없지. 길은 탄탄대로를 닦아 주셨으니까 정신 바짝 차리자, 은성아-!

원기 81(1996)년 4 .4

정산종사님의 대은(大恩)

감각감상

아침 조회때 정산종사 찬송가를 부르는데 이제까지와는 달리 그때 그 시절의 정산종사님의 그 어려울 때의 고충이 느껴지면서 가슴이 확 뜨거워진다.

"사자좌에 오르신 후 만난 중에서 우리들을 이끄시고 법을 북돋아 이 교단의 터전을 굳게 다지고 길이 전할 법보경전 다듬으셨네"

그 중에서 사자좌에 오르신 후 만난 중에서 우리들을 이끄시고… 이 대목이 내 가슴을 적신다.

그 모진 일제 탄압에도 굴하지 않으시고 "이 대중을 지도하라시는 대종사님의 천명을 받들고 이끄실 때 그 얼마나 힘드시고" 고생하셨을까. 또 안으로도 하늘같이 믿고 받들어 모셨던 대종사님께서 갑자기 열반에

드시니 당신의 천붕지통(天崩之痛)은 그야말로 하늘이 무너지는 괴로움을 겪을셨을 터인데 거기에 설상가상으로 그 당시 대중들은 온통 대종사님 한 분에게만 의지하고 쏠리셨던 그 대중들의 인심(人心)을 일사불난(一絲不亂)하게 화합 단결시키시는 데에 그 얼마나 많은 고통을 겪으시고 고생하셨을까!

그뿐이랴, 갈수록 심한 일제의 탄압을 어떻게 대중을 이끄시며 무사히 막아내셨으며 또한 그 가난하고 어려운 그 때에 우리의 대도정법(大道正法)을 완벽하게 법보경전을 다듬으신 정산종사님! 참으로 참으로-! 이제야 그 성심(聖心)이 헤아려지면서 나는 2년이란 짧은 햇수를 가까이 친견하며 살고 있으면서도 철없이 지냈던 것이 민망스러워 정산종사성탑에 가서 울면서 고했다.

"정산종사님!~ 하늘 같으신 대종사님이시라면 땅 같으신 달 같으신 정산종사님! 대종사님법이 정산종사님 아니시었다면 어떻게 오늘과 같이 이렇게 완벽하게 후대에 전하여지실 수 있었사오며 저희들이 이 법으로 제도를 받게 되었사오리까. 또 우리 후대 만대까지 제도받을 수 있겠사오리까. 참으로 크신 은혜, 하해와 같아 어떻게 다 갚사오리까. 그렇게 다해 주신 대은을 다 받들지 못하고 게으름 부리는 이 중생의 망덕지행(忘德之行)을 어찌하오리까. 이 생에도 못다하는 보은행을 무슨 수로 내생을 기약하오리까. 참으로 참으로 구제불능의 중생입니다. 이 오은성!

정산종사님! "마음공부 잘하여서 새 세상의 주인되라" 하신 성심(聖心)받들어 열심히 열심히 상구보리(上求菩提) 하화중생(下化衆生)할 것을 영생토록 서원합니다.

원기 81(1996)년 4. 15

세상에서 가장 아쉬운 사람

감각감상

방콕의 오리엔탈호텔이 세계 최고의 서비스호텔이라고 한다. 모든 가격은 제일 비싸단다. 그런데도 항상 미리 예약해야 할 정도라고 한다. 그 서비스 비결이 종업원이 10년 이상 근무하니까 옛날에 온 손님을 기억하고 그 손님이 오면 그 손님의 취향에 맞게 서비스한단다. 손님도 옛날에 있었던 종업원을 보면 더 친근감이 가고 마음이 편하여 단골손님이 많다고 한다. 개인 개인에게 각각 그에 맞게 서비스한다고 한다.

세계는 갈수록 서비스 경쟁시대이다. 돈 벌기 위해서 서비스를 잘하는 것이니 그 서비스가 무슨 진심에서 우러나오는 것이겠는가. 일시적 수단이지라고 생각이 되겠지만 사람들의 감정이란 묘해서 거짓인 줄 알면서도 친절하고 부드럽고 인사 잘하면 일단은 기분이 좋아진다. 지극히 사소한 일, 말 한 마디, 인사 한 번 등등… 크고 어려운일이 아닌 쉽고 작은 일이 기분을 좋게 한다.

자 — 여기에서 우리 교역자는 그리고 나 오은성은 무슨 공식을 발견했으며 어떻게 교화, 대인관계, 불공을 해야 하며 할 수 있을 것인가를 알았을 것이다. 교화도 법장사다. 누가 아쉬워 그렇게 하느냐, 돈이 나오느냐, 명예가 권리가 나오느냐고 이렇게 따진다면 말이 안 된다. 물론 내가 아쉬워야 한다. 가정에선 ① 어머니가 제일 아쉽고, ② 철이 먼저 든 사람이 아쉽고, ③ 세계 역사상 성인이 가장 아쉽다. 이와 같이 우리 교무들도 가장 아쉬운 사람이 되어야 한다. 아직 아쉽지 않다면 그 교무는 철이 덜든 사람이고 진리를 모르는 사람이고, 신심, 서원이 약한 사람이다. 교무들은 최고의 서비스맨이 되어야 한다. 교도가 고객이고, 인류 모두가 고객이다. 그러므로 언제 어디서나 항상 자비심으로, 겸양심으로 철철 넘치게 은혜를 생산 공급하는 성직자여야 한다는 다짐을 해본다.

원기 81(1996)년 4. 17 KBS TV "세계는 지금"프로를 보면서

사랑이 필요할 때

감각감상

어느 가수의 노랫말 중에, "우리가 저마다 힘에 겨운 그 순간에… 사랑이 필요한 거죠" 나는 잘 모르는 노래인데 이 노래 가사 말을 듣는 순간 문득 한 생각이 난다. 우리 교무들 모두 모두가 힘에 겨운 짐을 지고 살고 있다. 너무 너무 힘에 겨운 짐을 지고 열심히 열심히 살고 있다. 그 짐의 무게가 남보기엔 별 것이 아니게 보이는 짐도 무거운 짐도 모두 자기 자신에겐 큰 짐이 되는 것이다.

그것을 우리 불교계에선 업력, 과보 등…이라고 쉽게 매몰차게 몰인정하게 말한다. 일리 있는 말인데도 자기가 입장이 바뀌어 남이 나에게 그렇게 말했다면 어떤 감정일까? '그래 내 업력이고 내 과보니 달게 받아야지…' 하며 마음이 편안할까? 우리 중생은 그런 줄 알면서 마음은 괴롭고 외롭고 힘들고 섭섭하고 쓸쓸하고…

일만 감정이 교차하면서 어떤 타력이 어떤 보살이 도와 주기를 바라는 것이 약한 우리 중생의 마음이다. 남의 역경에는 내 마음이 여유와 편함과 지혜가 있는 법이지만 그러나 내 자신이 역경을 당하면 한없이 약한 여린 마음으로만 가득해진다.

그러니 적어도 나는 무거운 짐(業)을 지고 힘겨워할 때 사랑이 담긴 말 한 마디, 칭찬, 격려, 위로, 세정을 알아주는 말 등으로 그 힘을 덜어주는데 노력해야 겠다. 더욱이 그 짐이 자신 혼자만의 일이 아니고 교당에서 교단에서 열심히 공사한다고 애쓰는 일일진댄 그것이 황당한 일이든 어리석은 일이든 큰 잘못(결과적으로)이 아닌것이라면 더더욱 그렇게 해야 하지 않을까? 그 사람의 속사정도 모르고 함부로 시비하는 건 너무 잔인하다.

오은성 각골명심해야겠다. 순교무로 다니면서 짐을 덜어 주는 역할을 해야 하는 게 나의 의무와 책임 아닌가!

원기 81(1996)년 5. 5 KBS 「열린 음악회」 보면서

비의 교훈

감각감상

비가 억수로 온다. 시멘트 길바닥 위로 강물같이 흐른다. 그런데 옆의 땅위엔 흐르지 않고 고여 있다. 비가 개니 시멘트 바닥 위엔 물이 없이 말라 있다. 감각감상이 떠오른다.

단단한 시멘트길은 빗물을 받아들이지 않고 거부하여 내보낸다.

흙땅은 그 많은 비를 다 수용하여 촉촉이 흡수하고 있다. 그래서 땅에 뿌리박고 있는 생물들을 다 살려 주고 있다. 식물뿐이랴. 동물, 인간 만물을 모두 살리고 있다.

사람이 사는 세상도 같은 이치 강강한 사람은 자기 주의주장과 편견과 아집으로 남을 수용할 수 없어 거부하기 때문에 주위에 사람들이 의지하고 살 수 없어 떠난다. 그러나 부드러운 사람, 자애로운 사람, 어진 사람, 덕 있는 사람들은 선악, 원근간에 모여든다. 만나면 포근하고 편안하고 따뜻하고 그리하여 나의 모든 것을 다 들어줄 것 같고 용서해줄 것 같고 이해해줄 것 같고 도와 줄 것 같고, 감싸줄 것 같은 느낌이 들기 때문에!

보통 인간이란 거의 잘못, 실수, 죄악을 저지르며 살고 있다. 그러면서 번민하고 뉘우치고 반성 참회하며 새롭게 잘 살려고 다짐하고 그리고 또 잘못하고 또 다짐하고 이렇게 반복하면서 살아가고 있다.

그러는 내가 마음부칠 곳을 찾을 땐 어떤 사람을 찾고 만나고 싶을까, 불문가지(不問可知)다.

그렇다면 강강한 사람은 쓸모없을까? 아니다. 자연(진리)은 쓸모없는 것이 없다. 시멘트는 강강하여 그것이 필요한 곳엔 절대적 존재다. 사람도 강강해야 할 곳 즉 인간세상의 질서법을 세우고 유지할 때는 절대적이다.

강, 온은 서로 상자적(相資的)이다.

그러나 사랑은 체(體)가 되고 즉 음식이 되고, 강은 용(用), 질서 유지에 필요한 약이 된다. 그러나 약은 병 있을 때만 쓰지 병 없을 땐 무용지물이다.

원기 81(1996)년 7. 3

나의 조물주는 지금?

감각감상

비가 오니 일만초목들이 생생히 살아난다. 똑같은 비를 맞는데 초목들이 다 제 각각의 제 모습대로 살아난다. 사람도 같은 땅에서 같은 공기 같은 음식 먹고 사는 데 모습, 성격이 제각각이다. 무슨 이치일까?

초목은 씨가 다르기 때문이듯이 사람, 동물들은 정업(定業)의 종자가 달라서다. 그런데 사람 동물은 업이 고정불변한 것이냐? 식물처럼? 아니다!

사람은 만물 중 최령한 영식을 갖고 있기 때문에 그 영식을 진화 진급시킬 수 있는 능력을 갖고 있어서 육도사생 중 제일 귀한 존재요 최령하다고 한 것이다.

그런데 그 진화 진급할 수 있는 좋은 조건을 갖고 있으면서도 그것을 활용 못하고 그대로 본능적 욕구대로 타 동물과 같이 산다면 이 얼마나 억울하고 손해인가!

그런데 진급 진화하려면 진화시켜 주는 타력에 힘입어야 한다. 그 타력이 스승이요 진리요, 법이다. 어느 종교나 근본 원리는 같다고 하지만 시대 따라 진리를 가르치는 방편은 다 다른데 요즘같이 급속도로 발달의 속도가 빨라 사람들의 지능 또한 급속도로 발달되는 이 세상에 2000년 전, 2500년 전 옛 사람들의 수준에 맞게 짜여진 성자들의 방편을 지금도 그대로 믿고 배운다면 그것은 마치 대학생에게 초등학생 교과서를 가르치는 것과 같다 할 것이다.

우리는 다행히 대종사님 새 부처님 회상을 만나 시대화 생활화, 대중화된 진리를 믿고 배우고 있으니 이 얼마나 행복한가.

이러한 법 만나 행복한 줄 알면서 내 영성에 진화가 안되면 그도 또한 부행한 일일 것이다. 나의 조물주가 지금 어떻게 나를 조불하고 있는가 항상 점검하며 살아야겠다.

원기 81(1996)년 7. 5

가을 빈 들을 보면서

감각감상

가을걷이 마친 빈 들판. 그 많은 열매 맺게 하느라 일 년 내내 품에 안고 키워준 저 들판. 그 열매 온통 다 주어 버리고 환히 벗겨진 빈 들판.

아기를 낳아서 품에 안고 젖 먹여 키우고 보호하여 다 키워 제 갈 길 보내놓고 쓸쓸히 외로이 허공을 바라보는 어머니 품속 같다.

그러나 소리 없이 삭히고 기다리며 어느 때나 찾아오면 다시 또 품에 안고 키워줄 엄마처럼.

저 빈 들도 "언제나 내 품이 필요할 땐 오너라 정성 다해 사랑으로 키워 주리라"는 듯 쓸쓸히 그러나 따뜻이 침묵으로 기다리며 힘을 쌓고 있는 논밭들.

나도 저 들판 같았으면 어느 누구든 필요할 때 찾아오면 포근히 따뜻이 편안하게 마음을 길러주고 넓혀주고 밝혀주는 내 마음의 들판으로.

원기 81(1997)년 10

업보따리 등에 지고

감각감상

크고 작은
업보따리들

등에 지고
머리에 이고

높고 낮은 업산을
넘어가는 저 나그네들

힘에 겨워
주저앉고 쓰러지고
넘어지고

보고 있기엔
너무 불쌍하네
안타깝네
답답하네.

여보소, 도반님들
불쌍한 저 나그네들.

밀어주자
끌어주자
잡아주자
깨우쳐주자.

원기 82(1997)년 9. 12

나는 드라마의 주인공

감각감상

드라마를 보면서 못마땅한 악역을 하는 것을 보면 왜 저럴까 저러지 말았으면 하는 마음이 난다. 그러나 그 탤런트는 자기가 그리하고 싶어하는 게 아니고 각본, 작품 그대로 배역받아 하는 것뿐이다.

우리 인간사도 그렇다. 진리의 이치에서 보면 이미 인과보응의 진리에 따라 과거에 지은 바대로 진리의 각본이 짜여져 있는 그대로 배역받아 살아가고 있는 것뿐이다. 그러니 우리 대종사님의 아들 딸인 공부인들은 그 작품을 잘 만들어야 하지 않겠는가!

우리는 작자와 주인공이 동일인이기 때문에 얼마나 다행한 일인가.

원기 84(1999)년 9. 5

만물은 평등

감각감상

가을 들녘이 풍성하다. 벼, 콩, 채소 등등… 한참 동안 곡식 예찬하고 있는데 밭두렁의 잡초가 눈에 띈다. 그 잡초도 무성히 자라 열매가 주렁주렁 열렸다. 참 그래 너희들도 저 곡식과 다를 게 없지. 봄에 싹트고 꽃이 피었지. 비를 맞고 볕 쪼이며 자라고 커서 열매 맺었지.

그래 똑같이 천지의 은혜 입고 자랐다. 그런데 왜 너희들은 잡초라는 굴레를 씌워 무시당하고 있지? 누가 그랬어? 하느님이? 천지가? 아니야 우주자연의 조화 질서의 입장에선 똑같은 생명이고 똑같이 은혜 받고 있어! 평등하게 대우 받을 권리도 있어.

그런데? 인간이 차별한 거야 인간들이 인간의 입장에

서 인간들에게 필요한 것은 소중하다고 아끼고 가꾸고, 먹을 수 없고 쓸 수 없는 건 쓸모없다고 귀찮다고 없애버리려고 하지. 그런 학대 속에서도 끝끝내 열매 맺고 자란 너희들을 보니 참으로 대견하고 자연(진리)의 조화에 경외심이 나는구나.

너희들 존재 그 자체가 진리의 응화신인데! 인간들 본위의 차별심이 너희들 존재를 무시하는데 그런데 과연 너희들이 쓸모없는 잡초냐?

한번 생각해 보자.

① 만약 사막을 걷다가 너희들이 뾰족이 나온 모습 본다면? 본 그 사람은 그 이름 모를 잡초라고 그냥 무시하고 지나갈까? 아니지, 참으로 반가운 친구 만난 듯 반가워할 거야.

② 또 그 잡초가 약초일 수 있어 인간의 병을 치유시키는 소중한 존재이기도 하다.

③ 또 동물들의 먹이가 되어 생명을 살려 주지 않은가.

④ 또 있다. 퇴비가 되어 다음해의 생명을 돕지 아니한가.

⑤ 또 너희들의 그 질긴 생명력이 수해를 막아주는 고마운 존재이기도 하지. 인간들의 편견과 차별심으로 희생당한 것은 비단 동물, 식물뿐이 아니니다. 인간이 인간을 차별하여 무시, 경시, 학대당한 인간은 또 그 얼마나 많은가.

이런 인간계의 병폐를 그 누가 구제할 것인가 우리 대종사님 아들딸들이 아닌가! 우리 그리고 나!

원기 84(1999)년 10. 6

아가야, 넌 뭘 가지고 왔느냐

감각감상

치과 가느라고 차를 탔다. 할머니, 할아버지, 아저씨, 아주머니들을 보면서 생각에 잠긴다. 머리 하얀 시골 할머니를 보면서 저 할머니는 세상에선 무시당하고 살겠지. 잘나지도 못하고 가난하고. 그래서 자신이나 남이나 내세울 것 없는 하찮은 존재로 생각할 거야.

그러나 저 할머니도 자기 자신이 세상에서 가장 소중할 거야. 그래서 자기 자신을 가장 소중히 사랑하고 아끼고 살겠지. 내가 내 존재를 가장 소중히 아끼고 사랑하며 살듯이.

그래, 저 할머니 삶도 죽음도 할머니 것, 자신이 다 책임지고 해결하며 극복하며 살고 있어! 사람마다 태어날 때도 혼자 태어났고 죽을 때도 혼자 죽고, 고통도

슬픔도 혼자 겪고 감내하면서 영생의 긴긴 세월을 혼자 업력따라 육도의 수레바퀴를 돌면서 살아가야 할 철저히 외롭고 슬픈 존재들이야.

아무리 할머니가 내세울 것 없는 슬프디 슬픈 약자라도 아무도 그 할머니를 무시하고 천대할 권리는 없다. 그 할머니 때문에 대신 고생하고 대신 죽고 대신 삶을 살아 준다면 그럴 수 있겠지만 그럴 수도 없고 그리하지도 않으면서 무시천대(無視賤待)하는 것은 오만이요 죄악이다.

① 할머니! 사는 동안에 영생 준비는 하셨는지요? 이 생은 어쩌다 그렇게 저렇게 사셨으나 이 한많은 인생을 내생에는 부자로 인연 좋고 머리좋게 살 수 있는 준비를 하시며 사셔야 하는데 세상 한탄만 하시면서 아무 준비 없이 사시면 안 되는데 어떻게 사셨어요?

② 저 잘난 아저씨! 그 좋은 환경 조건 속에서 내생준비 많이 하셨습니까? 그 풍부한 자본으로 내생 투자하셔야 내생도 금생처럼 잘 사실 것인데 어떻게 사셨나요? 자본 없이 내생투자하고 싶어도 못하는 사람 많은

데 말이죠.

③ 예쁜 아가야! 너는 얼마나 준비하여 가지고 나왔느냐? 이 생에 어떻게 살 준비를 해가지고 나왔느냐? 부자로? 좋은 인연으로? 좋은 성품 가지고 왔느냐?

원기 85(2000)년 2. 26

화려함만 볼 줄 아는 인간이 불쌍해

감각감상

원광대학이 요즘 벚꽃이 만발하여 나는 그 벚꽃 구경하고 그 풍경에 취한 채 총부 정문에 들어서니 사철나무들이 짙푸르게 서서 버티고 있으면서 '자, 내 모양은 어떠하냐. 아름답지 않느냐. 네가 예쁜 꽃만 예뻐하고 흠뻑 취해 있는데 나의 모습은 어떠하느냐 말이다-!'

나는 깜짝 놀라 '아참 그래 그래! 너희들도 아름답다. 푸르고 우람한 모습, 그리고 그 추운 겨울에도 끄덕하지 않고 우리에게 고목의 살풍경한 풍경 속에서 아름다움과 생생함을 보여준 너희들, 너희들은 예쁘다기보다 믿음직하고 든든한 너희들만이 간직한 그 특색 있는 미' 가 있지. 그래 미안해. 잠깐 꽃에 취해 너희들을 소외시키고 무시한점 미안해.

그 옆의 철쭉꽃 나무가 푸르름을 보여 주며 말한다. '우리도 며칠 있으면 인간들의 변덕스런 마음. 겉모습만 보고 예뻐하는 사람들에게 우리도 함빡 피워 주마. 그때는 또 우리의 꽃 모습에 취해서 꽃 진 뒤의 화려함이 없는 벚나무에는 또 관심이 없고 무시할 테지.

참으로 인간들은 깊은 내면의 세계 특색 있는 아름다움은 볼 줄 모르고 얄팍한 화려함만 볼 줄 아는 인간들이 불쌍해. 그러니까 인간세상은 그렇게 혼돈의 세계지. 우리 나무 식물 세계같이 평화로운 세상이 어디있겠니. 화려함만 좋아하다 보면 무상이라는 낭떨어지에 떨어져 죽어' '그래 맞아, 너희들에게서 많이 배웠다. 고맙다. 내 마음을 깨우쳐 주어서!'

원기 85(2000)년 4. 16

드라마의 교훈

감각감상

'왕과비(王과妃)' 드라마가 끝났다.

연산군의 말로(末路), 인과응보 다 자업자득(自業自得)이다. 드라마를 보면 모두 권선징악으로 끝맺는다. 그것이 진리이니까. 사람들은 나쁜 사람은 벌받고 착한 사람은 복받는 것을 보면서 기뻐하고 분노하고 똑같이 공감대를 형성하는데 그것은 바로 진리의 실상이기 때문이다.

그런데 그런 줄 알면서도 자신에게 돌아오면 왜, 악한 짓, 벌받을 짓을 하는지 몰라? 드라마의 교훈으로 개과천선 할 수 있는 좋은 조건을 만나고도 자신이 실제 주인공이면 드라마에서 욕먹고 미움받는 사람의 연기를 자신은 아무렇지도 않게 행동하는 것은 왜일까.

왜 세상은 더 혼란하고 흉악한 범죄를 저지를까?

화두들고 연마해 본다. 타인의 행동은 나와 이해관계가 없으므로 제삼자의 입장에서 냉정하게 그 상황을 바르게 판단하나 나와 관련된 것은 직접 이해가 얽혀있어 자기본위적인 이기심과 욕심이 발하여 사물을 바르게 판단해지지 않고 행동하기 때문이다. 또 무시이래(無始以來)로 익힌 바 습관과 업력에 끌려 경계당하면 편견으로 판단하고 판단이 행동으로 행동이 업보로 쌓이고 그 업보가 다시 새 업을 짓게 하는 종자가 되어 한없이 꼬리를 물고 돌고 돌기 때문이다. 참으로 무섭고 두려운 인과보응의 진리의 법망이여!

이 이치를 알고 살아야 할까? 모르고 살아야 할까?

알고 살면 어떻게 살까? 모르고 살면 어떻게 살까?

걸레야, 고맙다

감각감상

쌀을 씻다가 쌀하고 이야기한다. "쌀아, 참 고맙다. 나의 생명의 은인이여! 너를 희생시키면서 내가 사는데 너에게 미안하고 고맙고! 어떻게 너의 은혜를 갚아야 할지! 그래 나도 이 세상에 필요한 사람이 되는 것이 보은이겠지! 좀 더 많이 더 많이! 물아 고맙다. 그릇아 고맙다. 걸레야 고맙다. 참 그러네. 내 방에 있는 것 모두가 다 내가 필요해서 놓고 쓰고 있는 것이니 다 고마운 존재들이지."

이와 같이 삼라만상 모든 것이 다 필요한 것 꼭 있어야 할 것. 심지어 걸레도 나에게 꼭 필요해서 나에게 은혜를 주고 있는데 최령한 사람이라는 내가 어찌 이 모든 존재를 희생시키면서 나만을 위해 산다면 그건 최령한 사람이라고 할 가치가 없는 아주 몰염치한, 저 걸레만도 못한 존재이지. 아무리 예쁘게 고귀하게 자신을 가꾼다 해도 남을 위해 이웃을 위해 세상을 위해 필요한 사람 노릇 못하고 산다면 그것은 사자(死者)에게 치장하는 것과 다르지 않다.

그럼 나는 남에게 꼭 필요한 사람으로 살았는가? 살고 있는가? 글쎄다! 필요가치에도 천차만별이 있지.

나는 직업 직책의 등급에는 관심 없다. 그 마음세계를 본다. TV에서 봤다. 어느 시골 마을에 그리 잘나게 보이지도 않은 아저씨 한 분은 온동네의 크고 작은 심부름을 다해 주어 마을 할머니 할아버지들의 손발노릇 아들 노릇하는 것은 보고 감동한 일이있었다.

은혜의 화신이다. 참으로 존경스럽구나. 훌륭하구나, 잘 살고 있구나. 저런 분이 세상에 있어 세상이 훈훈하고 살맛나는 세상이지 저런 분은 저승 가면 천상에 가겠구나!

나는 남이 알아주지 않는 젖은 곳, 거친 곳, 힘든 곳에서 묵묵히 열심히 일하며 사는 분에게서 감명받고 감동받는다. 더 존경스럽다.

그런 분을 이웃에서나 TV에서 많이 봤다. 진리의 세계는 현세의 외적 조건엔 의미도 없고 가치도 없다. 진리는 마음세계이기 때문에 다만 어떻게 사랑을 실천하고 세상에 쓸모 있게 살았는가가 중요하다. 천만다행이다. 그래서 진리는 평등세계(平等世界)이지!

그래서 빈부귀천 남녀노소 누구나 '나의 조물주는 나' 일 수 있는 것이야!

원기 85(2000)년 3. 23

용서받고 용서하자

감각감상

김수환 추기경의 책을 읽었다.

"우리는 물욕에서 청빈할 수 있고, 남을 위해 헌신할 수도 있다. 그러나 마음에 들지 않은 이(미운 사람)"를 받아들이고 사랑으로 함께 산다는 것은 힘들다. 눈에 보이는 형제를 미워하면서 눈에 보이지 않는 하나님을 사랑할 수 있다는 것은 모순이다.

예수님은 "너희가 자기가 사랑하는 사람만 사랑하면 무슨 상을 받겠느냐, 너희는 원수를 사랑하고 박해한 사람을 위해 기도하고 축복을 빌어 주라"고 우리 교전에 많이 있는 법문이다. 그래서 항상 느끼고 실천하려고 노력하며 사는데 타종교의 법문이라 새삼 감각감상이 인다. 나에게 잘못하는 사람이라도 어느 때는 용서

하기 오히려 쉽다.

이때에 "용서한다"면서 마음속에 찌꺼기가 남아 있어선 참 용서가 아니다. 용서하는 사람도 용서 비는 사람의 마음과 같이 참회가 수반되어야 참으로 용서해지는 것이다.

우리는 대체로 남을 용서해야 한다는 생각은 하는데 내가 용서를 받아야 할 사람이라는 것을 모르기 쉽다. 나는 잘못이 없다고 자부하기 때문이다. 그것은 남이 나에게 잘못한 것은 작은 일이라도 민감하게 느껴지지만 내가 남에게 잘못한 것은 웬만큼 큰 것 아니고는 못 느낀다. 세밀히 참회기도하는 마음으로 자기성찰하는 마음공부 아니고는 못 느낀다.

우리는 남을 용서하는 일 못지 않게 남에게 용서 빌고 용서 받는 일이 더 중요하다. 그리고 더 어렵다.

어느 TV에서 우리의 생활습관을 '그땐 참 고마웠어, 감사합니다' '그땐 참 미안했어. 미안합니다.' 하자고. 이 간단한 말에서 얼마나 아름다운 향기가 풍기는지 나는 한참 취해서 생각에 감겼다. '고마웠어, 감사합니다' 는 우리 교법의 핵심이라 생활화되어 특별히 감동

받을 것은 아니지만 '참, 미안했어' 이 한마디가 일만 죄가 다 씻기는 느낌이 든다.

이 말도 사소한 일로 실수하여 흔히 미안해하는 경우가 많지만 나는 지금 그런 정도의 이야기가 아니고 서로 어떤 잘못된 관계로 인하여 막혀 있을 때, 잘못한 입장일 때, 진정으로 참회하고 자존심 버리고 '그땐 참 미안했어.–' 하는 이 진심에서 우러나오는 이 한 마디가 참 시원하다. 몇 년 묵은 체증이 싹 내려가는 기분이다. 큰 죄도 다 용서받을 수 있을 것 같다.

상극이 상생으로 변한다. 사람은 불완전한 존재다. 완벽할 수는 없다. 실수하면서 용서 빌면서 살게 되는 세상이다. '그땐 참 미안했어. 미안해'. 사람의 마음은 천사도 되고 악마도 될 수 있는 불가사의한 존재다.

원기 85(2000)년 11

내 의식의 폭은?

감각감상

요즘 세상은 참 좋은 세상이구나 싶다. 옛날 같으면 무당이라면 천민으로 사람 취급도 못받았는데 이제는 인간문화재(人間文化財)○○호라는 명예를 얻고 당당하다.

그 문하생도 생기고 어두운 시대일수록 사람이 어리석고 막혀서 진리에 반(反)하는 일이 그 폭이 넓었다가 밝아지니까 어두운 구석 구석까지 햇빛(인간의 지혜 의식의 빛)이 비추어 평등하게 제 권리를 다 찾게 된다. 밝은 세상일수록 평등한 진리세상(眞理世上) 만세다. 사생일신(四生一身)까지야 못되더라도 태생중(胎生中)인 간계만이라도 평등해야 하지 않겠는가?

우주만물이 모두 진리이니 똑같은 평등한 권리를 다

갖추고 있지 아니한가. 여기에 무슨 직업의 귀천이 있겠는가. 인간의 차별의식일뿐이지. 그럼 내 의식의 폭은 얼마나 넓은가? 진리를 모르면 그 마음은 어둡고 어두워 자기본위 이기심(利己心)으로 인한 편협한 생각으로 매사에 그 단견(短見)으로 판단하고 심신작용할 것이니 얼마나 답답하고 타해(他害)가 심했겠는가. 그로 인한 악업은 또한 얼마나 크겠는가!

그러다가 진리를 깨치고 보면 지혜의 밝음이 그 마음 구석구석까지 비추어 아집 이기(利己)가 발을 붙이지 못하고 사생일신(四生一身), 시방일가(十方一家)를 목표로 소아(小我)에서 완전자유인 무아(無我)가 되면 대자대비의 대아(大我)가 되리라. 그 대아 속에는 차별없는 평등성지(平等性智)[1])를 회복하게 되니 만생령이 다 함께 행복을 누리며 그 품에서 살게 되고 대 낙원세계가 전개되리라.

원기 85(2000)년 11. 30 밤

주해

① 평등성지(平等性智) = 불교 유식학에서 말하는 사지(四智) 중의 하나. 즉 진리의 일체차별이 없는 평등성을 깨달은 지혜.

일원상부처님의 경고

감각감상

오늘 총부법회날이다. 기념관에 들어가 절하고 자리에 앉아 법신불일원상을 바라본다. 법신불사은이시여! 하며 마음속으로 크고 우람한 법신불 일원상을 바라보는 순간 법신불일원상이 말한다.

"내가 법신불 사은이 아니다. 나는 가짜 상징물이다. 진짜 법신불 사은님은 너의 뒤에, 옆에, 여기 모인 모든 분이시니 뒤돌아서 모든 분들께 절하며 마음 속에서 우러나오는 공경심 갖고, 여러분이 모두 진짜 산 법신불사은님이시니 항상 섬기는 마음으로 정성 다해 모시며 살겠습니다라고 해라" 하여, 나는 깜짝 놀랐다.

그동안 총부법회 보러 가면 그저 습관적으로 금빛 일원상을 향해 인사하고 법회 보고 나면 그냥 오곤 했는데 오늘은 갑자기 저 일원상부처님이 진짜와 가짜를 깨우쳐 주신다. 대체로 진리의 사진인 형상의 일원상 앞에선 경건한 마음과 자세로 기도하고 절하고는 진짜 실체인 사람과 만물 부처님에겐 소홀히 대하고 함부로 말하며 해독을 끼치기도 하고 그 벌로 자기 자신이 피해를 입고 고통을 당하는 것이 우리가 사는 현실이다.

그런데 처처불상 사사불공의 대경 대법으로 우리를 깨우쳐 주신 새부처님 대종사님의 출가제자로서 어찌 그리도 경계를 당하면 무명에 가리어 전도몽상 속에 일상생활하는 나이고 보니 오늘의 법신불 일원상 부처님의 깨우쳐주심은 나를 다시 새롭게 태어나게 해주신 경고요 대은(大恩)이시다. 일원상부처님 감사합니다, 감사합니다.

원기 87(2002)년 4. 20

법신불사은님은 지금 이 사람

감각감상

원기 88년(2003) 9

「사은님 사은님 법신불사은님

믿음 약한 저를 이끌어주시고 어둡고 괴로울 때 도와주소서. 항상 기쁨 속에 일하게 하시고 항상 희망 속에 살게 하소서.

고통이 변해서 기쁨이 되도록 감사의 기도 속에 살게 하소서, 항상 즐거웁게 일하게 하시고 항상 감사하며 살게 하소서.

나는 이 사은님 성가를 좋아한다. 이 성가를 부를 때는 어쩐지 마음 깊은 곳에서 우러나오는 간절한 마음 기도하는 마음으로 부르게 된다.

그런데 이 날은 이 노래를 하다가 문득 감각감상이

생긴다. 하나님을 믿고 받드는 신자들이 하나님을 관념적·형이상적으로 모시고 받들듯 나도 법신불사은님할 때 멀리서 어떤 '막연한 힘 관념적인 형이상적인 위력을 바라며' 사은님 성가를 부르고 있었구나 싶으면서 문득 그 형이상적 법신불사은님을 형이하적 법신불사은님으로 끌어내리고 말았다.

우리가 심고(心告)모실 때의 마음은 욕심도 사심도 없이 텅빈 깨끗한 마음이 되어 진리 앞에 무릎 꿇고 간절히 빈다. 그 마음으로 실상(實相)인 형상 있는 사은인 만물 그리고 사람을 대한다면 또 심신작용(心身作用)한다면 사람, 만물 모두가 나에게 기쁨과 희망 속에 살게 하고 즐겁게 일하게 하고 어둡고 괴로울 때 도와주고 행복하게 살게 해주지 않겠는가!

○ 지금 이 사람

· 내 앞에 있는 이 사람이 법신불사은(法身佛四恩)이시다.

· 이 사람은 항상 내가 간절히 기도하며 구하는 복을 주시는 위력을 가진 법신불사은이시다.

· 이 사람은 섬기고 받들고 두려워해야 하는 위력 있는 법신불사은이시다.

· 이 사람은 은혜로써 나를 살려주시고 도와주시는 법신불사은이시다.

· 이 사람은 내가 만만하게 생각할 수 있는 사람이 아닌 진리의 백(back)을 가진 법신불사은이시다.

· 이 사람은 나의 심신작용을 따라, 지공무사한 인과보응의 진리로 엄정하게 죄복을 나투어 주시는 법신불사은이시다.

· 영원한 남이 없나니라. 법신불사은님은 한 집안 한 권속이니까! 그러니 나를 내세울 자리가 어디 있겠는가! 무아(無我)래야 대아(大我)인 것이다.

나는 법신불사은님을 형이하적 현실적으로 끌어내렸다고 하였으나 진리는 형이상하(形而上下)가 따로 없는 것, 바로 하나인 자리이다. 내가 법신불사은님을 사실적 현실, 살아있는 부처님께 불공하는 노력은 없이 관념적으로 높게 모셔놓고, 지은 바 없는 복을 구걸하는 나의 어리석음에 또 다시 한번 경종을 내려주셨나

보다.

실상사(實相寺) 부처님께 불공드리러 가는 노부부에게 하신 대종사님 실지불공 법문이 다시 절실해진다. 법신불사은님 깨우쳐주셔서 감사합니다.

지혜와 지식

감각감상

대산종사님께서 "지혜는 지식 가지고는 안된다. 그러나 지식을 무시하면 안된다. 지혜는 나로 인해서 저 사람의 능력을 적재적소에 개발하는 것이 지혜다"라고 말씀하셨다.

우리는 지식을 지혜인 양 착각하고 산다. 일부 석사 박사들은 몇 백, 몇 천권의 책을 읽고 연구하여 박남박식이 되면 자만자족하고 오만불손하기 쉽다. 예화(例話)로 전장에 기재한 소동파의 "오만불손 유정(有情)설법은 들으려 하면서 무정(無情)설법을 들으려고는 안하시오" 이 한 마디에 참패 당하고 그것에 의심 걸려 그로인해 견성한 이야기.

이 예화에서도 보다시피 유정설법은 아무리 듣고 보

고 배워알아도 그것은 지식이지 지혜는 아니다. 무정설법을 들을 줄 알고 볼 줄 알고 깨쳐야 지혜인 것이다. 그래서 지식은 생명이 없고 지혜는 생명있는 앎이다.

일부 지식인들은 많이 알면 알수록 그것을 지혜로 착각하고 철통 같은 자기방어 태세를 취하여 자족하고 지혜개발에 무성의하는 분도 더러 있다. 우리 법도 너무 간명하고 철학적 · 논리적 · 과학적이기 때문에 사변적으로 흐르기 쉬워 학자불교로 나아가면서도 자칫 지혜로 착각하기 쉽다.

그리고 또 한편으로 지혜를 얻었다 해서 지식이 불필요한 것인가? 절대 아니다. 우주만물의 본래이치와 인간의 본래성품자리를 깨쳤다하여 지식이 없다면 몸통만 있고 수족(手足) 없는 사람과 같이 세상 살아가는데 원만히 잘 살아갈 수 없다. 세상을 위해 대중을 제도하고 지도하려면 지식을 도구로 삼아야 제 능력 다 발휘할 수 있고 원만한 지도인이 될 수 있다. 그러므로,

· 지혜는 지식을 갖추어야 그 지혜를 다 발휘할 수

있고

· 지식은 지혜를 얻어야 그 지식이 생명 있는 산지식이 되어, 무한히 세상을 위해 활용된다고 볼 수 있다. 그런데 한 사람이 지혜와 지식을 다 갖추기는 어렵다. 그 다양한 전문지식의 세계는 무한에 가깝다. 그러므로 지혜 얻은 성자님은 지식 있는 사람들을 적재적소에 잘 활용 개발할 수 있는 능력도 지혜로운 일일 것이다.

정산종사법어 법훈편 11장 "지식과 지각이 다르나니 지식을 얻은 뒤에 지각이 따르지 아니하면 평생 지식의 종노릇밖에 못하나니라"

원기 89(2004)년 5. 18

지혜 없는 사람은 재앙이다

감각감상

부처님께서 "지혜 없는 사람은 재앙이다"고 하셨다. 참으로 그렇다. 지식 아닌 지혜, 진리를 깨쳐서 얻은 지혜, 스스로 견성 · 대각은 못하였으나 진리를 확고히 믿고 내가 깨친 것 만큼 믿는 지혜는 꾸어서 견성한 것이라고 한다. 꾸어서 견성한 지혜라도 얻어야 할 것이다.

요즘 신문이나 뉴스 보면 말로 하기조차 끔찍한 범죄자가 많은데 그런 사람들을 볼 때, 불생불멸 인과보응의 진리를 확실히 믿고 알았다면 끔직한 그런 짓을 했을까? 의문이 간다. 그러나 아니다, 절대 할 수 없다고 생각한다.

그러니 진리를 깨치지 못했거나 확고한 신심이 없는 지혜 없는 사람은 재앙을 안고 사는 위험물과 같다고 생각한다. 언제 어디서 어떻게 그 위험물이 폭파되어 자신에게나 남에게 피해를 줄지 모르는 재앙덩어리가 걸어다니는 격이니 등골이 오싹해진다. 하긴 지혜가 있어도 지행합일(知行合一) 언행일치(言行一致) 안되어 큰 재앙까지야 아니겠지만 남에게 피해 주는 수가 많지만! 나는 재앙덩이 아닌가 늘 살펴야 하겠지!

원기 90(2005)년 2. 1

물부처님께 보은하는 마음 6가지

감각감상

물, 물, 물부처님! 참으로 참으로 고맙다. 나는 물을 쓸 때마다 물부처님 고맙다 고맙다고 하며 너무 너무 고마운 마음 절절하여 소중하게 아기고 싶고 아낌을 실천한다. 물부처님에게 아끼는 것으로 보은하는 마음을 대신한다.

그러다가 문득 감각감상이 인다. 항상 고맙다고만 하면서 살 거냐? 물 아끼는 마음만으로 보은한다고 생각하느냐? 글쎄!

한 번 깊이 생각해 보자.

물의 성능을 생각해보면서 내가 어떻게 사는 것이 물에게 참으로 보은하는 것이 될까 하고-.

① 물은 색(色)이 없다… 무아(無我)로 사는 것.

② 물은 부드럽다… 유화(柔和)로 사는 것.

③ 물은 아래로만 흐른다… 하심(下心). 겸손하게 사는 것.

④ 물은 만물의 생명을 살려주는 은혜를 준다.

나는 어떻게 살아야 남의 생명. 마음을 살리는 길이 될까? 자비 · 사랑 · 이타행(利他行) · 배려 · 칭찬 · 격려 · 이해 · 용서 · 인내 등 정신적인 것과, 몸으로, 물질로, 작은 것부터, 가까이서부터.

⑤ 물은 만물(萬物)을 청결하게 해준다.

삼독(三毒)(탐진치) 오욕(五慾)(재물, 명예, 식욕, 색욕, 안일욕)의 더러움을 극복, 초월하여 청정하게 살고 남에게도 세욕에 물들지 않고 살도록 교화하는 일.

⑥ 물은 자기 형체가 없다. 그러므로 어느 그릇에도 다 응하여 그 그릇 모양이 되어 화합한다. 화이부동(和而不同)으로 사는 것. 군자는 불기(不器)라는 공자님 말씀처럼 틀, 아집, 자기고집 없이 사는 것.

· 군자(君子)는 화이부동(和而不同)=화합(和合)하되 동화(同化)되지 않는 것.

· 범부(凡夫)는 동이불화(同而不和)=동화(同化)하되 화합(和合)하지 않는 것.

그런데 이 6가지를 종합 정리해 보니 무아와 자비로 요약이 된다. 또 두 가지를 하나로 뭉치면 무아다. 또 자비다. 무아와 자비는 하나다. 나 없으면, 남 먼저, 남 입장, 남을 위해 사니까 그것이 자비요, 은혜요, 사랑 아니겠는가. 또 자비는 남이 없이 모두를 사랑하니까 무아이다. 무아는 대아요 대아는 대자비. 아, 정상에 오르면 모두가 하나로 통하는구나! 그 정상에 오르는 첫걸음이 견성아니겠는가.

무아행의 실천은 어려워도 원리는 알았으니 항상 물을 쓸 때마다, 마실 때마다 무언의 교훈을 새기며 물같이 살기로 다짐해본다. 나를 죽여버리자. 그러면 되잖아! 참 말은 쉽네! 천 번, 만 번, 억만 번 영생토록 넘어져도 넘어져도 일어나지 못하지만 말자.

원기91(2006)년 3. 20

우물 밖에서 세상을 보자

감각감상

보름달이 휘영청 밝다. 남서울교당 높은 곳에서 바라본 밤의 서울풍경이 달과 어울려 무어라 형언할 수 없는 저승과 이승의 이중주를 이루고 있는 느낌이다. 달은 하늘에서 땅을 굽어 보며 말하고 있다. 밤의 서울 빌딩, 아파트… 등에서 내뿜는 불빛이 벌집 같다.

그 벌집같은 불빛을 저 달은 "야들아, 너희들이 살고 있는 그 공간이 바늘구멍만한 공간임을 모르고 그 속에서도 잘난 척 세상이 좁다하고, 오만하게 살고 있지만 우물 안의 개구리 같은 존재임을 아느냐, 모르느냐. 하늘 한번 쳐다봐라. 나(달) 한 번 쳐다봐라. 넓고 넓은 크고 큰 세상 우주를 보고 너의 마음을 키워 봐라. 우물 밖에서 세상을 바라보며 마음을 키워 봐라" 하는 것 같다.

저 달과 벌집 같은 불빛이 비교되니 왜 그리 인간세상이 초라하게 보이고 가소롭게 보이는지! 거기에 아무 까닭없이 사는 중생들의 마음속을 들여다보면 그나마 그 벌집 속도 그 속에 사는 사람들의 마음에 비하면 우주만큼이나 크다 싶다.

사람들의 마음은 티끌속을 들랑날랑하고도 남을 만큼 좁고 작아, 굴속을 스스로 파고 들어 앉아 있는 것 같다(물론 모든 사람이 다 그런다는 것은 절대 아니다). 이 마음이란 키우면 우주만큼 크고 좁히면 티끌만큼 작은 것이리라.

왜? 그렇게 크고 그렇게 작을까?

은성이 네 마음은 얼마나 크냐? 얼마나 작냐? 클 때는 어느 때든가? 작을 때는 어느 때든가? 저 불빛들을 달빛이 온통 삼켜 버리고 있어. 나도 경계 때마다 저 달을 회광반조하며 아집에 걸린 티끌 같은 마음이 힘을 못쓰게 삼켜 버리겠어. 내가 무아가 되면 대아(달빛)가 되겠지!

내가 무아가 되려면 바람이 없다. 욕심을 버린다. =

속 없는 사람 = 자존심도 없는 사람이어야 하지 않을까. 즉 나에게서 해방되면 남에게서 해방되는 것이지. (남을 나로 여기며 섬긴다.)는 대산종사님의 심량은 이 얼마나 통쾌한 대자대비 부처님의 심량(心量)이신가. 나는 오뚜기처럼 또 일어나고 또 일어나고 천 번 만 번 억만 번 해야지 내 영생진급(永生進級)시켜야 하니까.

원기 91(2006)년 4. 15

육신의 병, 정신의 병

감각감상

내 방 앞 논길에 풍력을 이용해서 전력을 발전시키는 풍차가 3개 세워졌다. 요즈음 어느 날부터인가 바람이 몹시 부는데도 풍차 하나가 움직이지 않는다. 고장이 난 것이다.

감각감상이 생긴다. 풍차는 바람이라는 조건을 만나야 제 기능을 다 발휘하고 전력을 만든다. 그런데 고장이 나니까 강한 바람이 불어도 아무 기능도 발휘하지 못하는 쓸모없는 무용지물이 된다.

그렇다. 인간도 육신이 병들면 어떤 좋은 환경 좋은 조건 좋은 경계를 만나도 자신에게도 남에게도 쓸모가 없어진다.

그런데 더 큰 문제가 생각난다. 몸이 병들면 종국엔

죽음라는 마침표로 그 동안의 풍랑이 그치지만 주인공인 마음이 병들면 큰 문제가 된다. 마음이 주인되어 몸을 도구로 사용하며 세상을 살아가는 것인데 주인은 병들고 객인 몸은 건강하면 그건 참으로 큰일이다. 주인없는 객이 자행자지하는 집안 꼴이니 그 집이 어떻게 되겠는가.

쉽게 눈에 띄는 정신착란만 정신병이 아니며 형체 없는 마음의 병이기 때문에 육신병처럼 꼭꼭 집어 내어 정의내릴 순 없다. 그래서 나는 좌산종사님의 감사생활 10단계 법문으로 마음 세계를 점검하고 마음공부 표준삼으면 좋을 것 같아 여기 실어본다.

◎ **감사생활 10단계** (좌산종법사님 법문)

1. 누구에게나 원망심을 부추긴다 …지옥(오은성 주해)

2. 당하는 곳마다 원망생활한다 …아귀

3. 피해 보이는 곳에는 철저히 원망한다 …축생

4. 피해에 원망, 은혜에 감사한다 …보통급

5. 은혜에 따라 감사를 주로 한다 … 특신급

6. 은과 해 모두에게 은을 발견하여 감사한다 …상전급

7. 숙겁다생에 뭉쳐온 원한이라도 유감 없이 풀고 은으로 화한다 …항마위

8. 어떠한 순역경계에서도 감사 보은뿐이다 …예비출가위

9. 생령들의 상극을 풀어 상생은혜로 돌리기에 전념한다 …출가위

10. 우주의 생성원리를 활용, 무한은을 생산한다 …여래위

위 주해는 내 맘대로 달아봤다. 스승님의 법문이 아니다. 꼭 맞는 것은 물론 아니다. 참고삼아 해봤다.

원기 91(2006)년 5. 2

진리의 경고

감각감상

서울 한강변 교도댁에서 밤 기도 하고 한강의 야경을 봤다. 하늘에선 반달이 비추어주고 있고 지상에선 한강다리에 부착된 불빛과 빌딩, 아파트 등에서 뿜어 내는 빛 등이 모두 한강물에 반사되어 이중삼중으로 비추니 그 아름답고 황홀함이란 표현하기 어렵다.

4월의 대자연의 그 신비로운 봄의 교향곡에 도취되며 지내든 요즘 이곳의 인공적 아름다움까지 만끽하게 되니 나는 성리의 세계로 여행한다. 하늘에서 저 달이 아름다운 인간세계의 문명을 향해서 말을 건다.

'너희들의 그 발달한 문명세계에 감탄한다. 장하다. 그러나 거기에 빠져서 진리를 등지고 살지는 마라. 너희가 아무리 편리한 문명세계를 이루고 행복하게 살아도 다 나의 손바닥 안에 있다. 진리를 거스르고 진리를 떠나서는 그 모든 문명이 창조될 수 없다. 진리의 이법(理法) 안에서 탄생된 것. 진리의 이법 떠나 단 한 가지인들 이룰 수 있는 것 같은가? 불가능이다!

한 예를 들어보자. 너희가 고도의 의술을 개발했어도 인생의 생로병사를 만들 수 있고 막을 수 있느냐? 봄 여름 가을 겨울을 너희들 힘으로 만들 수 있는가? 다 나 진리가 돌고 돌고 진행하는 과정에서 인간이 조금씩 진리의 이법에 순응하여 기술을 만든 것 아니겠느냐. 그래서 너희들은 진리의 이법을 충분히 활용하여 문명의 혜택을 누리며 행복을 만끽하고 있는 것이다. 그러니 근본을 잊지마라.

너희들의 근본은 진리요 자연이다. 자연은 생명의 원천이니 자연을 잘 가꾸고 잘 보존하면서 자연을 사랑하고 아끼며 살아야 배은자가 안 되고 자연과 더불어 너희들이 영원한 생을 보존할 수 있단다. 너희들이 과학 문명에 도취되어 진리(=자연)를 무시경시하여 자연을 훼손하고 잘 보존하지 않으면 자연의 재앙(災殃)이 무위이화(無爲而化)로 닥칠 것이다. 그것이 진리의 이

법이다'

하늘에서 저 달은 나에게 간곡히 말을 한다.

정산종사법어. 법훈편 30장, "과학이 아무리 발달되어도 천리(天理)가 할 일은 천리(天理)가 하고 사람이 할 일은 사람이 하나니라"

원기 92(2007)년 4. 23

연꽃의 아름다움은?

감각감상

내 방 앞에 연못이 생겼다. 작년에 피논으로 방치해 놓았던 논을 연못으로 만들었다. 새 연못을 만들어 정화수도원 원로님들을 온통 기쁘게 하고 여기저기서 이 연꽃을 구경하러 모여 든다. 감각감상이 생긴다.

왜 모여들까?

· 첫째, 연꽃의 그 청초한 아름다움 그리고 잎 또한 얼마나 아름다운가! 봐도봐도 사람을 매료시키는 고고한 아름다움에 여기저기서 그 자태를 보고자 모여든다. 사람도 아름다운 미모를 가지면 누구나 다 그 미모에 매료되어 봐도봐도 질리지 않는다. 환영받고 칭찬받는다. 그러므로 사람들은 그 아름다운 미모를 가꾸려고 얼마나 많은 정신적 · 경제적인 투자를 하는가 탈

무드에 "항아리를 보지마라(외모). 그 속에 들어 있는 것을 보라(마음)"는 말이 있다. 그럼 사람의 아름다움은 외모로만 평가 받는가? 아니다. 내면의 아름다움 이 것이 주인공이다.

외모는 일단 고정된 것(요즘은 성형으로 아름답게 새로 만들지만), 마음의 아름다움은 내 의지에 따라 얼마든지 만들 수 있다. 좋은 마음 갖는 것이 가장 큰 재산이다.

다행히 우리 대종사님 출가재가제자들은 마음공부로 마음의 미용사가 되어 아름다운 마음 가꾸는데 노력하고 적공하고 있으니 얼마나 행복한가 싶다. 과연 내 마음의 아름다움은 몇 점이나 될까? 점검해 본다.

· 둘째, 연꽃의 향기가 또 사람들을 취하게 만든다. 우리 사람들의 향기는 무엇일까? 나는 덕향(德香), 선향(善香), 지향(智香), 법향(法香) 4가지를 생각해봤다.

1. 덕향(德香)-사람들은 덕 있는 이에게 모여든다. 덕은 훈훈하고 따뜻하여 편안히 의지하고 싶은 본능적 욕구를 충족시켜 준다. 그래서 어머니의 자비, 성자님

의 사랑, 자비가 자식을 키우고 만생령을 살린다. 덕향은 지식의 유무와는 관계가 없다. 덕향은 많을수록 훈훈한 기운으로 여러사람 살리는데-. 나는 알면서 왜 없어!

2. 선향(善香)-아무 계교사량 없는 어린아이 보면 저절로 웃음이 나오고 보고 있는 나도 착해진다. 그런 계교사량 없는 순박한 동지를 보면 그 순간 내 마음의 삼독심이 다 녹아내리고 함박웃음꽃이 피며 그 순간이라도 나도 정화가 되어 착해진다. 그런데 멀리서 보고 느낄 땐 착하게 안 보인 분도 가까이 한분 한분 대하면 모두 다 착하다는 것을 느낀다. 그런데 향기가 별로다. 왜일까?!

3. 지향(智香)-지적 향기도 있다. 지혜로운 사람, 지성인 교양인 벼가 익으면 고개가 숙이는 그런 겸손을 겸비한 사람의 지향, 지혜로우면서 겸손하고 예의바른 사람 생각만 하여도 향기가 물씬 난다.

4. 법향(法香)-도가에선 부처님의 지덕겸비한 최고의 경지를 목표로 적공 노력한다. 출가위이상(出家位以上)이라야 지덕향이 풍기지 않을까 싶다. 자비심 없는 법향은 무거워 널리 퍼져 나가지 않는다. 법향의 최고 가치는 자비심이 아닐까?

원기 92(2007)년 8. 2

동포님이여, 감사합니다

감각감상

나는 오늘 병원에 갔다 왔다. 의사 간호사가 참 고맙다. 내가 필요해서 병원에 찾아가 돈 내고 치료받았다. 또 내가 물건이 필요해서 상점 찾아가 물건을 샀다.

의사가 오라해서 간 것이 아니고 상점에서 오라 해서 간 것이 아니다. 세상은 온통 나를 위해서 내가 필요할 때를 대비해서 준비해놓고 기다리고 있다. 그리고 친절하게 내가 해달라는 대로 열심히 해준다. 얼마나 고마운 일인가.

동포들이 참 고맙다. 우리는 병원에서 상점에서 그들 자신들이 돈 벌기 위해 그렇게 하고 있다고 생각하기 때문에 고맙다는 생각을 아니하고 돈 가진 위세를 하며 오만에 빠진다. 그래서 세상은 감사 속에서도 원망과 분노로 온통 혼란스럽다.

사람은 같은 상황 속에서 긍정적으로 생각할 수도 부정적으로 생각할수도 있는 두 가지 얼굴을 가지고 있는데 어떤 얼굴을 보고 사느냐는 자유다.

긍정적 얼굴을 보면 첫째 내가 행복하고 즐겁다. 따라서 상대방도 기쁘고 행복하다. 부정적 얼굴쪽을 보고 살면 서로가 다 불행하다. 어느 쪽을 택하여 어떻게 사는것이 좋은가? 그것은 자유다. 그러나 행 · 불행이 따른 자유다.

작가 류시화씨의 인도여행기 '하늘호수로 떠난 여행' 책에 이런 이야기가 있다. 바라나시 기차가 5시간이나 연착했다. 애태우고 있는 류시화씨에게 어느 인도 승객 한 명이 "여기 당신에게 두 가지 선택이 있습니다. 기차가 떠나지 않는다고 화를 내든지 기차가 떠나지 않아도 마음을 평화롭게 갖든지 둘 중의 하나입니다. 당신이 어느 쪽을 택하든 기차는 떠나지 않는다는 사실엔 변함이 없으니까요. 그러니 왜 어리석게 떠나지 않는다고 화를 내는 쪽을 택하겠습니까"(그 기차가 늦은 이유는 기관사가 신년파티에 참석하느라 늦었다고 한다).

원기 92(2007)년 10. 27

은성아, 그동안 고마웠어!

감각감상

나는 명상시간이면 자주 나를 영모묘원 묘지에 내 육신을 묻어 놓고 이야기한다.

'은성아, ㅇㅇ년 동안 참 고마웠어! 너는 일생 동안 별 불편없이 내가 하자는 대로 숨쉬여 주고, 먹고, 자고, 보고, 듣고, 말하고, 앉고, 서고, 오고, 가고, 뛰고, 달리고 해주어 참 고마웠어. 때론 너를 너무 괴롭혀 병이 나게 해서 미안했고!

은성아, 이젠 너와 영원히, 영원히, 다시는 만날 수 없이 헤어지게 되었구나. 은성이라는 이름을 달고 살았던 몸뚱이 너는, 누구나 그렇듯이 세월이 흐르면 흐를수록 유기물로 조직된 물질이기 때문에 조직이 닳고

망가져 더는 너를 데리고 살 수가 없는 것이란다. 내 맘 같으면 너를 더 오래 오래 사랑하고 같이 살고 싶지만 우주의 생로병사라는 이치 앞에는 아무도 거역 못 하는 법, 어쩔 수 없이 헤어져야만 해.

은성아, 너랑 헤어지려니까 슬프고 슬프다. 나는 이 세상으로 다시 돌아와 살게 되지만 그렇다고 너랑은 다시 만날 수 없어. 너는 네가 할 일이 있고 갈 길이 따로 있으니까. 그러니 여기에서 영원히 영원히 헤어지자구나. 내가 사랑했던 은성아, 잘 가. 그동안 고마웠어. 미안했어, 은성아-!'

생사초월의 심경이 절로 된다.

원기 93(2008)년 1

일심공부의 방해꾼

심신작용처리건

오늘은 총부 작업날이다. 오후 3시~5시까지다.

볕이 작열하다. 뜨거운 볕을 보니 풀 뽑는 작업이 너무 정떨어진다. '가만 앉았기만 해도 더운데 어떻게 저 땡볕에서 풀을 뽑을까' '에이, 나는 못하겠다. 나는 나이먹은 장로니까 아우교무들이 이해하겠지'

나는 목욕을 하고 누워서 책을 본다. 마음이 영 편치 않다. 자꾸 작업에 대해 마음이 걸린다. 저 땡볕에서 교무들이 작업하는 모습이 어른거리며 '젊은 교무, 아우교무들은 저 고생을 하는데 나는 이래도 되는거냐. 아니야 나이 먹었으니 더 모범이 되어야지. 나이 먹었다고 이해할거라고? 아우들이 이해하고 안 하고가 문제가 아니라 나 자신의 솔성에 큰 오류를 범하고 있는 그 자체가 문제다. 날씨가 좋을 때야 설령 작업시간은 빠져도 이다지 마음이 걸리고 괴롭지 않겠는데 이 화덕 같은 날씨속에 작업하는 일은 마치 지옥속에 나만 쏙빠지고 남이야… 하는 생각 같아 더욱 가책받는다. 에이, 안되겠다. 나가서 일해야지 차라리 몸이 고생하는 것이 낫지. 마음이 고통스러운 건 영 참을 수가 없다'

책을 보는 데 책에는 마음이 안 가고 양심의 가책으로 요란했다. 시계를 보니 오후 4시다. 동지 둘이 나무그늘 밑에서 작업하고 있다. 막상 마음을 다지고 일을 하니 그리 못견디게 덥고 괴롭지않고 일을 하게 되었다. 오후 5시가 되자 동지들이 그만 하잔다. 나는 먼저 가라고 하고 늦게 나와 1시간밖에 못한 시간을 메워야겠다는 각오로 혼자 작업을 계속하고 오후 5시 30분쯤에 끝내고 왔다.

수행품 18장에 "그대들이 일심공부를 하는데 그 마음이 번거하기도 하고 편안하기도 하는 원인을 아는가. 그것은 곧 일이 있을 때에 모든 일을 정당하게 행하고 못하는데에 원인이 있나니, 정당한 일을 행하는 사람은 처음에는 혹 복잡하고 어려운 일이 많은 것 같으나 행할수록 심신이 점점 너그럽고 편안하여져서 그 앞길이 크게 열리는 동시에 일심이 잘 될 것이요 부정당한 일을 행하는 사람은 처음에는 혹 재미 있고 쉬운 것 같으나 행할수록 심신이 차차 복잡하고 괴로워져서 그 앞길이 막히게 되는 동시에 일심이 잘되지 않나니 그러므로 오롯한 일심공부를 하고자 하면 먼저 부당한 원을 제거하고 부당한 행을 그쳐야 하나니라"

어쩌면 그렇게도 대종사님께서는 생활속에서 수양공부하는 법을 이렇게도 꼭 집어 내셨을까 감탄하면서 수행품 18장을 옛날에는 그냥 지나치고 그러는 것인가 보다 하기만 하였는데 내가 그 상황을 겪으니 너무 너무 똑같아 감탄 감탄했다.

원기 79(1994년)년 7. 6 水 총부

염라대왕 앞에서

심신작용 처리건

서울 모교당에 강습을 갔다. 이틀째 강의하고 단상에서 내려오니까 옛날 시골교당에 있을 때 제자(여)가 다가와 인사하고 내가 의자에 앉아 서로 반갑게 이야기하는데 그 제자가 물어볼 것이 있단다. "선생님, ○○교당에 있을 때 제가 중학교 다닐 때인데 어느 날 선생님께서 꾸중하셨어요. 그 때 제가 왜 혼났는지 몰랐어요. 그 때 왜 그러셨는지 모르시겠어요?" 나는 너무 황당했다.

그 때가 지금부터 25년이나 지난 세월이다. 그 때 일을 어떻게 기억하겠는가. 그리고 중학생 회원이라 여럿이 교당에 법회 보고 공부하고 아무 때나 교당에 와서 놀고 가고 하든 14, 15, 16살 학생들에서 꾸중할 일도 없지는 않았을 일이고 중학생 회원들이니 사랑스러운 우리 교도 학생에게 무슨 큰 미운 감정으로 꾸중했을리 없고, 꾸중했다면 교무니까 아이들을 가르치는 입장에서 했을 것인데 세상에 이럴 수가!

어쩜 25년이나 흐른 세월 중학생이 어엿한 아기엄마 학부형이 된 지금, 옛일을 들먹이며 강의 끝난 지금 따지듯이 묻는 제자보고 있자니 마치 내가 죽어 저승 가서 염라대왕 앞에서 심문받는 기분이다. 순간 헛웃음을 치면서 "뭣 때문에 어떻게 꾸중하더냐" 물으니 모른단다. 내용도 다 잊고 꾸중 들은 것만 기억하고 있는 것이다.

나는 그 때 순간적으로 생각했다. 이 자리는 잘 잘못을 가릴 수 있는 경우가 아니다. 둘 다 내용도 모르기도 하려니와 이날까지 꾸중들은 기억을 하고 있을 정도이면 원착에 가까운 원망심이 강하게 집착하고 있는 경우이니 인과적으로 참으로 무섭고 두려운 일이다 싶어 원한을 풀어 줘야겠다. 큰일 날 뻔했다. 이대로 안 만나고 죽었다면 무서운 악연이 되어 서로 고통받을 텐데 그 제자를 만난 것이 천만다행이다 싶고, 만나서 나에게 그런 추궁해준 것이 고마워 무조건 빌자, 풀어 주자는 생각이 들었다.

손을 꼭 잡고 "얘야, 네가 얼마나 그 꾸중 듣고 섭섭하고 화가 났으면 이제까지 기억하고 내게 묻겠느냐. 너에게 잘못이 없었다면, 내가 잘못 한 거지 네가 잘못하여 꾸중 들었다면 지금까지 그 억울함을 기억하고 나에게 묻겠니. 네가 잘못한 것 없이 꾸중 들었으니 지금까지 억울한 감정이 남아 있지, 그러고 보니 내가 잘못했구나. 미안하다. 그리고 고맙다, 이야기 해줘서"

제자는 오히려 당황하고 어색해 한다. 그 제자는 어머니가 일찍 죽고, 집은 어렵고 5남매가 큰딸인 이 제자에게 의지하고 살고, 아빠는 재혼하여 집안이 복잡하고 어려운 것을 알아 항상 이 제자에게 어디서 어떻게 사나 궁금했던 차였는데 이 곳에서 만나 반갑고 옛날 고생한 것 생각하고 안쓰러웠는데 그렇게 만나 깨끗이 빚 청산한 기분이 들었다. 그 제자는 지금은 잘 살고 있어 나에게 봉투도 두둑히 주었다.

원기 81년(1996) 10. 27 65세

역지사지의 쾌감

심신작용 처리건

난 서울에 가면 택시를 안 탄다. 택시 잡기도 어렵고 또 길이 막혀 요금이 오르기 때문에 억울한 생각과 아까운 생각 때문이다.

그런데 이번 법인절 하루에 두 교당을 뛰어야 하기 때문에 몸을 좀 아껴주어야 부릴 수 있을 것 같아 택시를 타기로 하고 교통 혼잡한 시간을 피하기 위해 제일 더운 오후 3시에 나섰다. 택시는 쉽게 잡혔다.

택시가 잘 가더니 거의 목적지에 닿을 무렵 우려했던 차가 막혀 꼼짝을 안하는 것이었다. 기다리고 기다린다. '이건 너무하지 않아' 이제 내 마음이 요란하기 시작한다. '내가 이러니까 택시를 안 타는데 에이 참, 기사님은 빨리 안 막히게 간다고 이 길로 온 것 같은데 차라리 큰길로 가면 신호등 걸려도 그 길이 나을 것 같은데 괜히 이 길로 와 가지고 이게 뭐람, 참 재수없구만. 그러나 다행히 시간의 여유가 있어서 그나마 다행이네. 여기다 시간까지 촉박했더라면 기가 찰 뻔 했네.' 한참 속이 속이 아니고 시간은 괜찮은데 메타가 자꾸자꾸 올라가는 것이 안타깝고 아까워 죽겠다.

내 입장만 생각했지 기사님 입장은 조금도 생각할 여유가 없이 한참을 요란하다가 '별수 없지, 인력으로 할 수 없는 일이잖아. 기사님도 그러고 싶어 그랬겠는가. 요금이 올라가면 만원 이상 오를라고. 내게 돈은 몇 만원 있으니까 어려운 일이야 없지. 그까짓 만원 점심 사먹은 폭 잡지. 마음 편하게 갖자' 라고 포기하고 체념하고 있었다.

한마디라도 기사님에게 '이게 뭐에요. 참!' 하고 싶었지만 말하면 뭘해. 서로 기분만 나쁘지 싶어 말은 안했다. 그러자 잠깐 마음이 비워진다. 그런데 나만 손핸가! 기사님은 손해 아닐까? 하는 생각이 미치자 아니야! 나보다 기사님이 더 손해 보고 있을 것 같다. 아무리 시간거리병산제로 요금이 오른다 해도 제대로 달려서 그 시간에 손님 제대로 받는 것보다 훨씬 손해알 것만 같다. 그래. 기사님도 재수없이 손해를 나보다 더 보고 있는 게 분명해. 생각이 거기에 미치자. 오히려 내가 미안한 생각이 든다.

"기사님! 오늘 손해가 크겠어요. 수입이 줄겠네요." 하였다. 기다렸다는 듯이 "아니요. 오히려 손님에게 미안해요. 나야 이런 때도 있고 저런 때도 있지만 손님이 답답하시죠. 어떤 손님들은 난리가 납니다. 뭐, 내가 고의로 한 것이 아닌데도 막 소리치고 야단이면 나도 화가 나서 죽겠어요" 한다. 기사님도 말은 안해도 몹시 괴로웠던 모양이다. 내 말 한 마디에 감사하고 마음이 흐뭇한 모습이다. 가만히 생각해 봤다.

뭐라고 불평한다고 해결될 문제가 아닌데 서로 기분 나쁘고 스트레스 받는 언행을 삼가서 온전한 생각으로 잘 취사한 결과 한 마디 말이 서로 감사하고 편안하게 서로 좋은 감정으로 경계를 넘긴 것이 어찌 다행하고 내 자신이 대견스러웠다. 항상 내 입장보다 남의 입장이 되어 생각하면 싸움과 원망이 감사와 기쁨으로 나에게 복이 오는 것을!

원기 82(1997)년 8. 20

책을 내다보니 세상 사람들 앞에 나의 실체를 다 보여주는 것과 같은 느낌이 들어 부끄러운 생각으로 낯이 뜨거워짐을 느낍니다.

끝으로 성리연마하면서 느껴진 점을 몇 말씀드리고 싶습니다.

① 우주자연의 무한하고 오묘한 이치는 위가 없고 끝이 없어서 문자 학문 지식으로는 그 그 림자도 제대로 잡을 수 없습니다. 다만 관조, 직관으로 그 자리를 들여다 보아야 무정설법으로 내 눈에, 내 귀에 보게 하고 듣게 하고 있어서 마음의 눈을 뜨고 마음의 귀를 열면 언제든지 감각감상이 일게 되고 정전의두요목도 밝아지고 깨달아지는 것도 느껴볼 수 있습니다.

② 견성도 천층 만층입니다. 첫 견성 그것은 다만 가갸 거겨 국문의 첫 글자 깨치는 정도일 뿐이지만 그 첫 글자를 시작으로 끊임없이 글 읽는 연습하다 보면 글

을 잘 읽게 되듯이 감각감상을 자꾸 자꾸 느껴보고 익혀서 보는 것마다 듣는 것마다 생각 생각이 점점 그 지혜가 크고 넓어지면 드디어 대원 견성에도 도달할 수 있는 길이라 생각되며 그리 믿습니다.

③ 나는 대종사님께서 「감각이나 감상을 기재시키는 뜻은 그 대소유무의 이치가 밝아지는 정도를 대조하게 함이니라」(정전 정기 일기법)고 하시고 또 정전사리연구의 요지에 '(이)(理)라 함은 곧 천조(天造)의 대소유무(大小有無)를 이름이니…후략' 라 하셨습니다. 즉 진리를 '대소유무' 로 간략하게 요약해 주시고 그 대소유무의 이치를 감각감상으로 밝아지게 하셨습니다. 그러니까 감각감상이 단순한 느낌이나 깨침이 아니라 의두성리연마인 것입니다.

이 의두성리연마를 감각감상을 통하여 깨치게 되는 것이며 견성에 이르는 길임을 감히 말씀드리는 것입니다. 대종사님께서 우리 회상은 천여래 만보살을 배출하는 회상이라 자신하고 말씀하신 뜻 중 하나가 이 감각감상으로도 견성도인이 쏟아져 나온다는 뜻도 된다고 자신 있게 말하고 싶습니다.

④ 나는 교무들이 제일 먼저 할 일이 성리연마로 견성하는 것이라 생각합니다. 내 경험에 비추어 생각해 보면 감각감상으로 성리연마 하기 전엔 아무리 정기 상시훈련으로 다짐하고 또 다짐해도 경계를 당하면 항상 그 자리가 그 자리로 맴돌고 마음공부에 진전이 없이 자학지심으로 괴로운 나날이었습니다. 그런데 성리연마로 진리를 짐작하고부터는 밖으로 설령 별진전이 없다해도 내 마음의 주도권은 내가 잡고 있어서 마음 속에 지면 진 줄 알고 지면서도 희열심이 생기며 자신감과 희망 속에 살아가고 있음을 느껴봅니다.

⑤ 교법의 인격화(경산종법사님 오대경륜 중)는 견성해야 참다운 교법의 인격화가 될 것이라 생각합니다. 견성하면 오염수(汚染修=수심결 중)에 떨어지지 않고 항상 성리에 회광반조하며 참수행을 하게 되기 때문입니다.

설교도 감각감상을 통하여 교법을 내 인격 만들어 가면서 하면 설법이 산 설법이 되어 대중에게 감명 주게 될 것입니다. 이런 점에서 볼 때 '교화 대불공' (경산종법사님 오대경륜 중) 도 견성이 선결 문제라 생각됩니다. 견성이 어렵다면 몰라도 입정삼매를 통한 대도(大道)는 아니지만 쉽고 빠른 견성하는 길인 성리연마법 감각감상이 있으니 나 같은 하근기도 되는 일이 중상근기는 더 빠르게 대원견성을 이룰 수 있다고 생각됩니다. 재가 출가가 모두 견성 전에도 감각감상을 통해 견성하고 견성 후에도 감각감상으로 지혜 단련하여 대원견성한다면 대행복자인 부처가 아니겠습니까.

⑥ 나는 이전에는 기도나 심고를 할 때 형식적이고 의례적으로 했습니다. 진리의 기운 에너지가 느껴지지 않았기 때문입니다. 무명이기 때문이지요. 그런데 우주가 하나의 진리로 운행되고 한 기운으로 만물이 생성되여짐을 깨치고 보니 법신불사은님…하고 칭호하면 내 주위의 나를 둘러싸고 있는 진리의 기운(에너지)이 바로 감응해 주심이 느껴져서 어느 곳 어느 때나 법신불사은님―! 하며 간절히 기도해집니다. 마치 공기가 다북차 있는 듯이 진리의 에너지가 공기 같이 꽉차 있음이 느껴지기 때문입니다.

원기 93년 4월. 오은성 합장